영아와 함께 하는 놀이

Play Activities for Infants and Toddlers

영아와 함께 하는 놀이

최석란 · 서원경 · 이현옥 · 박선화 · 신지연

(주)교문사

머리말

아기가 태어나고 자라나는 과정은 한 가정에 새로운 경험을 갖게 한다. 많은 부모는 아기와 함께 하는 하루하루에서 행복을 느끼지만 때론 생소한 부모 역할에 대한 이해부족으로 어려움을 겪기도 한다. 특히 영아를 가르치는 교사의 경우 전문적 지식 이외의 육아경험이 부족하기에 힘이 드는 경우가 많다.

영아가 자라나는 과정은 역동적 시기로 영아들은 몸을 가누지 못했던 발달적 상황에서 뛰고 달리는 특성 등의 큰 변화를 보인다. 신체 발달뿐 아니라 인지, 언어적 발달도 비약적으로 발달하는 시기이므로 이 시기에 대한 발달적인 이해 뿐 아니라 교육에 대한 보다 구체적인 방법을 아는 것이 중요하다.

생후 3년간 영아의 발달과 경험은 매우 중요하다. 이 시기에 영아는 놀이를 통하여 발달한다. 영아에게 놀이는 발달의 지표이고 발달의 방법이 된다. 따라서 영아의 놀이에 대한 바른 이해와 교육이 필요하다. 이 시기의 영아놀이의 중요성과 놀이를 함께 상호작용해 주는 성인의 역할의 중요성에 대하여도 관심이 증가되고 있다. 또한 많은 영아 관련 교육기관들이 생기면서 영아들을 어떻게 교육해야 하는 지에 대한 구체적인 요구가 늘어만 가지만, 실제 교사들이나 가정에서 영아를 양육하는 부모들 모두 어떻게 영아와 놀이해야 하는 지에 대한 이해나 자료가 부족한 편이다.

따라서 이 책은 교사와 부모의 영아에 대한 발달적 특성의 이해를 돕고, 영아와의 놀이를 돕기 위해 쓰여졌고, 크게 세 부분으로 구성되어 있다. 책은 연령별로 0세, 1세, 2세로 나누어져 있으며 각 장은 연령별 발달적 특성을 서술하고 각 연령에 맞는 영아와의 놀이 활동을 주제에 따라 다양하게 제공하였다. 놀이의 주제는 영아들의

생활환경 속에서 쉽게 접할 수 있는 내용을 담고 있으며 영아의 발달적 특성을 이해하고 영아와 놀이하는 방법을 구체적으로 서술하여 영아와 상호작용하는 부모나 교사를 돕고자 노력하였다.

영아의 발달과 놀이에 오랫동안 관심을 지녀왔던 저자들이 현장에서 영아와 함께 생활하고 관찰하는 가운데 우리의 작은 노력이 많은 영아와 함께 하는 교사와 부모에게 조금이나마 도움이 된다면 하는 바람으로 이 책을 쓰게 되었다. 특별히 이 책의 저술과 사진촬영을 도와준 중앙청사 어린이집 교사들과 영아들에게 특별한 감사의 마음을 표한다.

2008년 더운 여름
태릉에서 저자 일동

차 례

chapter 2 1세의 발달적 특성과 놀이

2. 1세 영아와 놀이해 주세요   70

chapter 3 2세의 발달적 특성과 놀이

1. 2세 영아들은 어떻게 자랄까? 190

2. 2세 영아와 놀이해 주세요 192

1

0세의 발달적
특성과 놀이

1 0세의 발달적 특성과 놀이

1. 0세 영아들은 어떻게 자랄까?

(1) 신체 발달

0~1세의 신체 발달은 타 영역의 발달보다 눈에 띄게 이루어진다. 이동 능력이 없던 시기에서 이동 능력이 생기는 시기로의 점진적인 발달이 이루어지고, 손바닥 전체로 물건을 움켜 쥐는 시기에서 손가락으로 물건을 잡는 시기로 발달한다.

표 1-1 0~12개월 영아의 신체발달

0~3개월	4~6개월	7~9개월	10~12개월
• 엎드려 누워 있을 때 머리를 똑바로 세우려고 한다. • 머리와 어깨를 들기 시작한다. • 옆에서 뒤로 뒤집기를 시도한다. • 눈 앞의 움직이는 물건을 쫓는다.	• 손에 큐브를 잡는다. • 한 손을 대상물을 향해 뻗는다. • 뒤에서 옆으로 뒤집기 한다. • 앞에 놓여진 물건을 잡으려 한다. • 도움 받아 앉는다. • 한 쪽 손에서 다른 쪽 손으로 물건을 옮긴다.	• 혼자서 앉는다. • 서 있는 자세로 들어 올려 주면 반사적으로 걷는 듯이 다리를 움직인다. • 앉아서 손을 뻗고 상체를 구부린다. • 기기 시작한다. • 선 자세로 물건을 끌어당긴다. • 손뼉을 친다. • 어른의 도움으로 서 볼 수 있다. • 엄지손가락과 집게손가락을 이용하여 물건을 잡는다.	• 다리로 몸 전체의 무게를 지탱한다. • 손을 잡고 걷는다. • 가구를 따라 잡고 걷는다. • 계단을 기어서 오른다. • 자발적으로 물건을 잡고 놓는다. • 앉을 때 앞으로 쓰러지지 않고 균형을 잘 잡는다. • 신발과 양말을 벗는다.

출생 후　　　　1개월　　　　2개월　　　　3개월

4개월　　　　5개월　　　　6개월　　　　7개월

8개월　　　　9개월　　　　10개월　　　　11개월

12개월　　　　13개월　　　　14개월　　　　15개월

그림 1-1　**영아의 신체발달**

출처 : 정옥분(2005)

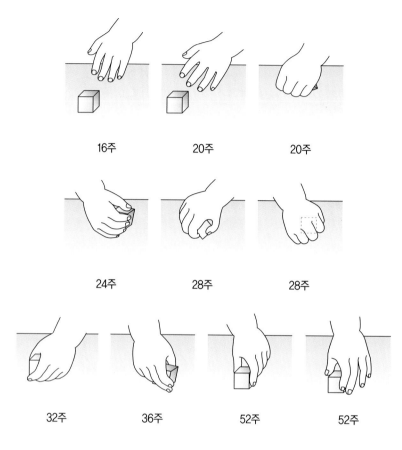

16주   20주   20주

24주   28주   28주

32주   36주   52주   52주

그림 1-2 **조작기능의 발달**
출처 : 정옥분(2005)

(2) 인지 발달

피아제(J. Piaget)에 따르면 0세 영아의 인지 발달 단계는 감각운동기이다. 피아제는 신생아기를 감각운동기 1단계라고 했는데 영아 행동이 대부분 반사에 의해 일어난다고 보았다. 영아는 환경에 대한 적응을 위해 반사(빨기 반사, 잡기 반사 등)를 사용한다. 1~4개월 동안은 감각운동기 2단계라고 부르는데 이 시기 동안 영아는 자신의 신체에 관심을 갖기 시작한다.

5~8개월경부터 영아는 외부 사건을 탐색하기 시작하며 사물이 눈에 보이지 않아도 계속 존재한다는 대상 영속성 개념을 발달시키기 시작한다. 대상 영속성 개념 초기에는 눈에 사물이나 사람이 보이지 않으면 완전히 없어진 것이라고 생각하나 이후에는 어딘가에 존재하므로 찾아야겠다고 생각하기 시작한다.

8~12개월경에는 행동과 현상 사이의 단순한 관계를 인식할 수 있는 능력이 생기므로 바라는 목적을 이루기 위하여 자신의 행동을 조절한다. 이 시기의 영아는 행동과 행동에 따른 결과 사이의 관계를 발견함에 따라 많은 시간 동안 같은 행동을 반복한다. 이런 반복 행동을 피아제는 순환반응이라고 했다.

0세 영아는 동일한 자극이 반복되면 자극에 대한 관심이 줄어드는 습관화도 형성하기 시작한다. 2~5개월부터 영아는 신경세포(시냅스와 미엘린)의 형성과 빠른 변화에 따라 자신의 정보처리 과정 속도를 향상시키고 이에 따라 익숙한 현상에 관심을 집중시키는 능력이 증가한다.

월령에 따라 기억 능력도 발달한다. 3개월경의 영아는 2주 정도 전에 경험한 것을 일시적 학습 과정을 통해 기억할 수 있다. 3개월경의 영아의 요람 위에 모빌을 달아 놓고 영아가 우연히 모빌을 발로 건드리게 한다. 모빌이 흔들리는 것을 경험한 영아는 흔들리는 모빌을 보고 발을 더 많이 움직인다. 이 활동을 한 후 2주가 지나기 전에 영아에게 다시 모빌을 주면 발을 많이 움직여서 모빌이 흔들리게 한다. 그러나 2주 이상 지난 후 영아에게 다시 모빌을 보여 주면 처음 보는 것처럼 쳐다본다.

(3) 언어 발달

신생아의 언어는 울음이다. 생후 4~8주경의 영아는 울음으로 배고픔, 기저귀의 불편함, 요구 등을 나타낸다. 1~2개월이 되면 혼자 있거나, 깨어 있을 때 목에서 나오는 "우", "오"와 같은 소리를 내는 쿠잉(cooing)이 나타난다. 쿠잉은 특별히 성인을 향해 내는 소리는 아니지만 성인과 소리를 주고받는 '발성 놀이'가 가능해진다는 점에서 매력적이다.

2~6개월경의 영아는 다양한 소리를 만들어 낸다. 몇몇 소리는 자음과 비슷하게도 나타나며 이 시기의 후반이 되면 옹알이가 시작된다. 쿠잉과 달리 옹알이는 다양한 자음과 모음을 이용하여 자유롭게 소리를 조합한다. 따라서 단어와 비슷하게 들리는 소리를 만들어 내기도 한다. 옹알이 초기에는 "다다", "마마"와 같이 반복되는 옹알이가 나타나고 후기로 갈수록 변화가 많은 옹알이가 나타난다. 몇몇 영아들은 10개월경에 옹알이와 단어를 조합해서 표현하기도 한다.

또한 10~12개월경이 되면 몇몇 단어를 이해하여 단어를 듣고 이에 대한 반응을 신체로 표현한다. 간단한 문장에도 반응하기 시작하는데 문장을 정확히 이해한다기보다 문장을 말하는 성인의 표정, 분위기 등으로 파악하게 된다.

12개월 이후에는 "엄마", "맘마"와 같은 첫 단어를 말하기 시작한다. 이 시기에는 직접 말하는 단어의 수보다 말은 할 수 없지만 정확히 이해하는 단어의 수가 증가하게 된다. 영아의 첫 단어는 일반적으로 주변 사람의 명칭(엄마, 아빠), 신체 부분(눈, 코), 애완동물(강아지, 고양이), 움직이는 사물(자동차, 공), 익숙한 행동(빠이빠이, 줘) 등에서 나타난다.

(4) 사회/정서 발달

0~1개월부터 영아는 성인의 얼굴을 주시하기 시작하며, 2~3개월의 영아는 주변의 상황에 반응하며 웃으면서 성인과의 관계를 시작한다. 3~5개월경의 영아는 성인의 말에 반응하며 소리를 내고, 4~8개월이 되면 즐거운 활동을 반복한다. 5~8개월 즈음 되면 낯선 사람에 대한 두려움을 보이기 시작 하고, 9~12개월이 되면 성인이 하는 행동을 그대로 모방하여 나타내는 모방 놀이를 시작한다.

성인뿐만 아니라 비슷한 또래에게도 관심을 나타내는데 3개월에는 최소한의 신체적 접촉을 하면서 서로를 바라보기만 하지만 그 이후에는 소리를 내거나 몸짓을 하며 의사소통을 시작한다. 12개월 전후의 영아들간에는 장난감을 때때로 교환하기도 하나 함께 놀이하지는 않는다.

영아는 태어날 때부터 기본적인 정서 표현을 가지고 태어나며 월령이 높아짐에 따라 정서가 분화된다. 1개월 영아의 정서 표현은 서투르지만 찡그리기, 울기, 눈 감기 등을 통해 표현한다. 신생아는 정서 분화가 덜 되어 있기 때문에 영아의 정서를 파악하는 것은 쉽지 않다.

6개월 영아의 울음은 이전 월령 영아의 울음보다 대부분 격렬하며 발버둥치기, 잡기, 밀기와 같은 행동과 함께 나타난다. 또한 눈물 없이 울거나 눈물을 약간 흘리며 울기도 하고, 우는 것과는 구별되는 간단한 부정적인 소리를 내기도 한다.

6~9개월경 영아가 낯가림을 시작하면 주양육자와 분리될 때 불안함, 울음, 화를 함께 나타난다. 10~12개월경이 되면 걱정과 공포도 나타나기 시작하는데 어떤 상황에 대해 공포감을 잠깐 드러냈다가 곧 화나 슬픔으로 전환되기도 한다.

긍정적인 정서도 세분화되어 나타난다. 3개월경 스스로 웃기가 가능해지며 4개월경에는 웃음이 빈번해진다. 6~9개월경이 되면 웃음도 여러 유형으로 나타나고 웃음 속에 여러 가지 서로 다른 정서적 의미를 담게 된다. 가족들과 즐거움을 공유하는 웃음도 나타나게 된다.

0세 영아의 안정적인 정서 발달을 위해서는 무엇보다도 주양육자와의 애착이 중요하다. 애착은 영아가 주양육자에게 나타내는 강력한 유대감으로 영아가 주양육자와 안정애착을 형성하면 다른 사람과의 관계도 긍정적으로 맺을 수 있으며, 영아가 주양육자와 불안정애착을 형성하면 다른 사람과의 긍정적인 관계를 맺는 데 어려움이 많다.

0세 영아의 행동에는 기질이 많은 영향을 미친다. 기질은 세상에 반응하는 타고난 개인 행동의 독특한 방법이다. 기질은 활동 수준, 규칙성, 접근-회피, 적응성, 강도, 식역, 기분, 산만성, 주의 범위와 지속성 등에 따라 까다로운 기질, 순한 기질, 더딘 기질, 이렇게 세 가지로 나뉜다. 까다로운 기질은 활동 수준이 높고 일과 리듬이 불규칙적이며 적응성이 떨어지고 반응 강도가 높은 영아가 해당되며, 순한 기질은 활동 수준이 적정하고 일과 리듬이 규칙적이며 새로운 환경과 사물에 잘 접근하는 적응을 잘하는 영아가 해당된다. 더딘 기질의 영아는 자극에 대한 반응이 느리고 활동 수준이 낮다. 일과 리듬도 까다로운 기질의 영아보다는 규칙적이지만 순한 기질의 영아보다 불규칙적이다. 0세 영아는 다른 연령의 영유아보다 기질을 조절하기 힘들기 때문에 양육자가 0세 영아의 기질을 보다 잘 이해하여 상호작용 해야 한다.

2. 0세 영아와 놀이해 주세요

0세 영아는 신체 발달이 급격하므로 발달된 신체를 연습할 수 있는 신체 놀이가 제공되어야 하며 시각, 청각, 후각, 미각, 촉각 등의 5감각을 이용하여 사물과 현상을 탐색할 수 있어야 한다. 또한 쿠잉, 옹알이, 첫 단어 등의 언어 발달 과정을 자극할 놀이가 필요하다.

(1) 신체 놀이

신체 대·소근육 조절, 이동 능력이 발달함에 따라 0세 영아는 획득한 신체적 능력을 이용한 놀이를 시도하게 된다. 6주가 된 영아는 교사가 높이 들어올려 주는 것을 즐기며, 12주가 되면 바닥에 누워서 머리를 들고 팔을 바닥에 붙여 스트레칭을 할 수 있고 성인이 조작해서 들려 주는 소리와 다양한 모양 물건을 살펴본다.

18주가 되면 손과 눈의 협응 놀이를 할 수 있어서 손에 장난감을 넣었다 뺐다 하는 활동을 하게 되고, 5.5개월이 되면 발과 손의 협응 놀이를 할 수 있어서 손을 뻗어 발을 잡고 움직인다.

9개월이 되면 앉아서 장난감을 자신의 몸 옆에 놓고 움직일 수 있다. 또한 집게 손가락으로 작은 물건을 찌르는 놀이를 보이며 다른 한 쪽 손은 물건을 찌르고 있는 집게손가락의 거울 모습을 보는 듯한 자세를 취한다.

11개월이 되면 동시에 두 개의 장난감을 움직이면서 이동하며 놀이하고, 12개월이 되면 모든 장난감과 물건을 집어 던지고 다시 달라고 큰 소리를 낸다. 또한 음악에 반응하며 몸을 좌우로 흔들기도 한다.

이렇게 도와주세요!

① 손을 뻗거나 기어서 장난감을 잡을 수 있도록 영아 옆에 장난감을 놓고 격려한다.
② 신체적 동작이 포함되어 있는 교사 따라하기 놀이를 한다.
③ 상자나 의자 같은 장애물을 피해서 통로를 찾도록 도와준다.
④ 보육실의 한 곳에서 다른 곳으로 이동하려고 낮은 책상이나 의자를 잡는 영아의 행동을 도와준다.
⑤ 영아의 손에 장난감을 쥐어 주고 모양과 촉감에 대해 이야기해 준다.
⑥ 플라스틱이나 나무로 만든 주전자, 컵 등을 제공한다.
⑦ 영아의 몸짓을 모방한다.
⑧ 두꺼운 책장으로 된 책을 제공하고 넘길 수 있도록 한다.

(2) 탐색 놀이

6주경의 영아는 성인이 보여 주고 조작하는 사물을 보고, 듣고, 입에 넣어 탐색하는 것을 선호한다. 12주가 되면 대부분의 영아가 딸랑이를 잡을 수 있게 되어 딸랑이를 흔들며 놀이하게 된다.

5~8개월이 되면 대상 영속성 개념이 발달하기 시작하므로 성인과의 까꿍 놀이를 즐긴다. 6개월이 되면 블록 등을 두 손으로 잡아 입에 넣거나 선호하는 한 쪽 손으로 장난감을 잡고 입 속에 넣을 수 있다.

8~10개월이 되면 장난감을 서로 부딪치며 그 때 나는 소리와 모습을 즐긴다. 이 때 영아는 장난감이 서로 부딪치면 독특한 소리가 난다는 간단한 원인과 결과를 이해하게 되면서 반복하게 된다.

12개월이 되면 크레용을 잡고 한손에서 다른 손으로 옮기며 긁적거린다. 또한 장난감을 통에 모두 넣었다가 쏟아 버리는 행동을 반복하며 놀이한다.

이렇게 도와주세요!

① 수건 등을 이용하여 교사의 얼굴을 가리며 까꿍 놀이를 한다.
② 상자나 옷을 이용하여 물건을 숨겨 본다.
③ 원인과 결과를 학습할 수 있도록 만들어진 소리 나는 장난감을 사용한다.
④ 감각 놀이를 위해 푸딩, 젤리 등을 이용한 만지기 놀이를 한다.

(3) 언어 놀이

6주경의 영아는 성인과 신체를 접촉하며 성인의 부드러운 목소리로 이야기 듣는 것을 선호한다. 영아는 단어를 표현하지 못하지만 성인이 언어에 귀 기울이며 이해할 수 있는 언어를 확대시켜 나간다.

4~8개월경의 영아는 성인이 자신의 이름을 부르면 쳐다본다. 쿠잉과 옹알이를 하기 시작하면 성인이 자신의 쿠잉과 옹알이를 모방하여 내는 소리에 즐거워하며 더 많은 수의 쿠잉과 옹알이를 하게 된다.

10개월경의 영아는 두꺼운 종이로 된 책의 페이지를 넘기며 단순히 놀기도 하고 책장의 그림을 보기도 한다. 성인이 책의 그림 이름을 이야기해 주면 따라서 소리내기도 한다.

12개월이 되면 성인이 지시하는 단순한 문장에 반응하여 행동하고, 성인이 사물의 명칭을 이야기하면 해당되는 그림을 짚어 보기도 한다.

이렇게 도와주세요!

① 부드럽고 안정감 있는 목소리로 말하며, 아이가 보고 만지는 것에 대해 관심을 기울이며 이야기한다.
② 영아의 울음에 즉각 반응한다.
③ 영아가 옹알이를 할 때 영아의 소리를 모방하여 따라한다.
④ 거울을 보며 놀이할 때 얼굴과 신체 부위 명칭을 이야기해 준다.
⑤ 수유하고 기저귀 가는 등의 일상생활 동안에 교사의 행동과 영아의 반응에 대해 이야기해 준다.
⑥ 손뼉치기나 간단한 동작이 있는 짧은 노래를 불러 준다.
⑦ 가족, 친구, 애완동물, 사물 등 친숙한 그림이 있는 책을 본다.
⑧ 책을 보며 "○○를 찾아 볼까?"라는 질문을 한다.
⑨ 이름을 불러 주고 영아가 이름에 반응하면 눈을 맞춘다.

0세 영아를 위한
다양한 놀이 활동
(0~6개월)

딸랑이 소리 듣기✽ 머리와 가슴 들기✽ 쭉쭉 스트레칭✽ 교사에게 안겨 수유하기✽ 얼굴 비비며 이야기하기✽ 이불 위에서 뒤집기✽ 손가락 잡고 상체 들기✽ 여러 가지 링으로 놀이하기✽ 교사 무릎에 앉아서 놀이하기✽ 교사 품에 편안히 안기기✽ 쿠션에 기대어 앉기✽ 매달려 있는 링 잡기✽ 딸랑이 흔들기✽ 교사 무릎에 앉아서 그림책 보기✽ 교사에게 안겨 산책 나가기✽ 누르면 돌아가는 장난감 놀이✽ 기어가서 마라카스 잡기✽ 거울집 탐색하기✽ 다양한 촉감 탐색하기✽ 산책 나가서 나뭇잎 만지기

20

26

30

딸랑이 소리 듣기

교사가 영아의 눈 앞에서 딸랑이를 흔들어 영아가 딸랑이를 쳐다볼 수 있도록 한다. 딸랑이의 방향을 바꾸어 영아가 소리나는 쪽으로 반응하도록 유도하면서 눈동자, 머리 등을 움직이도록 한다.

월령 : 3개월 | 영역 : 탐색 | 준비물 : 딸랑이

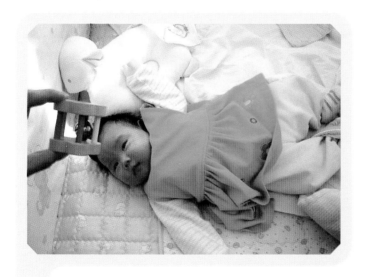

교사: (딸랑이를 들고 영아의 눈 앞에서 흔들며)
　　　이게 무엇일까?
　　　(영아의 오른쪽 또는 왼쪽에서 딸랑이를
　　　흔들며) 소리가 어디서 날까?

머리와 가슴 들기

영아가 엎드린 자세에서 목을 가누어 머리와 가슴을 들어 보도록 한다.

월령 : 3개월 | 영역 : 신체 | 준비물 : 딸랑이

교사: (영아가 편안한 자세로 엎드리게 한다.)

○○야, 오늘은 엎드려서 놀이해 볼까?

(영아의 머리쪽에서 딸랑이를 흔들어 자연스럽게 머리와 가슴을 들 수 있도록 한다.)

○○야, 이게 무슨 소리지? 어디서 나는 거야?

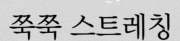

쭉쭉 스트레칭

영아와 교사가 1:1로 상호작용 하며 신체 접촉을 통해 친밀감을 형성하고 눈을 맞추고 서로의 기분을 공유한다. 영아의 팔과 다리를 스트레칭하며 대·소근육을 풀어 주고 반복되는 찬트(Chant)를 경험하도록 한다.

월령 : 3개월 | 영역 : 신체

교사: (영아를 침대에 눕히며)

　　　○○야, 침대에 누워 볼까?
　　　선생님이 팔을 쭉쭉주물러 볼게,
　　　쭉쭉, 팔이 쭉쭉! 쭉쭉, 다리가 쭉쭉!
　　　(영아와 눈을 맞추며) ○○가 웃었네!
　　　기분이 좋구나!

교사에게 안겨 수유하기

교사의 품에 안겨 수유하면서 편안함을 느끼도록 하고 교사와 눈 마주치기, 교사의 목소리 듣기 등을 통해 애착을 형성한다.

월령 : 3개월 | 영역 : 언어 | 준비물 : 수유 용품

교사: (교사가 영아를 품에 안는다.)

○○이 배고팠지?

○○이 선생님이랑 따뜻한 우유 먹자.

(영아와 눈을 맞추며) 잘 먹는구나!

얼굴 비비며 이야기하기

영아와 교사가 서로 얼굴을 비비며 신체 접촉을 함으로써 친밀감을 느끼고, 교사는 부드러운 목소리를 내어 신뢰감과 안정감을 갖도록 한다.

월령 : 3개월 | 영역 : 신체

교사: (영아를 안고 편안한 자세로 앉아)

우리 ○○이 선생님에게
안겨 볼까?
날씨가 정말 화창하다.
가까이서 보니까 ○○이 그동안 더
예뻐졌네!

(안은 채로 얼굴을 비비며) 선생
님이 얼굴을 비비니까 간지럽니?

이불 위에서 뒤집기

바로 누운 상태에서 가슴, 배, 팔을 이용하여 뒤집기를 해 본다. 영아가 몸의 중심을 조금씩 이동하여 뒤집기 할 수 있도록 교사는 이불을 이용하여 도와준다.

월령 : 4개월 | 영역 : 신체 | 준비물 : 이불 또는 큰 타월

교사: (영아의 이불을 꺼내 들고) ○○야, 선생님하고 재미
      있는 이불 미끄럼을 타 볼까?
      (이불 위에 영아를 바로 눕히며)

      이불에 누웠네!
      (영아가 무게중심을 이동하기 쉽도록 이불의 양
      끝을 들어 준다.) 흔들흔들, 옆으로 몸이 돌아가네!

손가락 잡고 상체 들기

교사의 도움으로 영아가 배와 허리의 근육을 이용하여 상체를 들어올리며 교사와 눈을
마주치도록 유도한다.

월령 : 4개월 | 영역 : 신체

💡 영아 스스로 배와 허리 근육의 힘을 이용할 수 있도록 하고, 영아의 팔이 탈골되지 않도록 천천히
끌어 올린다.

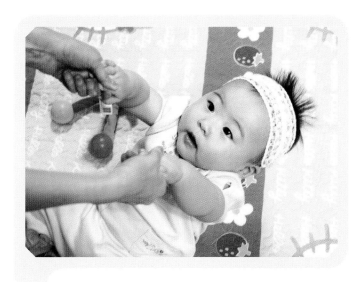

교사: (손가락을 내밀며) ○○야, 선생님하고 손잡아 볼까?

(영아가 손가락을 잡으면 영아를 끌어 올리며)

영차! 우리 ○○이 일어나 볼까?

여러 가지 링으로 놀이하기

여러 가지 촉감을 비비고 만지면서 느껴 볼 수 있도록 한다. 링을 흔들며 나타나는 소리에 반응하고, 링의 모양을 관찰하며 링을 만져 보도록 한다.

월령 : 4개월 | 영역 : 탐색 | 준비물 : 촉감과 소리, 모양이 다른 여러 가지 링

교사: (촉감, 소리, 모양이 다른 링을 보여 주며)

○○야, 이게 뭘까?

여러 가지 모양이 있네.

영아: (링을 쳐다본다.)

교사: 링을 만져 보자.

(영아의 손을 잡고 링을 비비며)

부드럽네.

(링을 흔들며) 흔들어 보니까 소리도 나네. 딸랑딸랑~

교사 무릎에 앉아서 놀이하기

영아가 도움을 받아 앉아 보는 경험을 갖게 한다. 교사 무릎에 앉아 놀이하며 신체 접촉을 통해 안정감을 얻도록 한다.

월령 : 4개월 | 영역 : 신체

교사: (교사가 편안히 앉아 영아를 무릎에 앉힌다.)

○○야, 오늘은 선생님이랑 어떤 놀이를 해 볼까?
선생님 무릎에 앉아서 놀이해 볼까?

교사 품에 편안히 안기기

교사의 품에 안겨서 교사와 따뜻한 체온을 나누며 안정된 애착을 형성하도록 돕는다.

월령 : 4개월 | 영역 : 신체

교사: (영아를 안으며) 선생님은 ○○을
많이 사랑해.

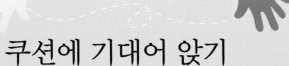

쿠션에 기대어 앉기

교사의 도움을 받아 쿠션에 기대어 앉아 보는 경험을 갖는다. 교사와 눈을 마주치며 이야기 나누면서 쿠션에 기대어 잠시 혼자 앉아 보도록 한다.

월령 : 5개월 | 영역 : 신체 | 준비물 : 쿠션, 매트

 옆으로 넘어질 수 있으므로 주의하며 짧게 활동한다.

교사: 우리 ○○이 매트에 앉아서 놀이
　　　할까?
　　　(뒤에 쿠션을 대 주면서)
　　　허리에 쿠션을 대고 앉을까?
영아: (교사를 쳐다본다.)
교사: ○○ 야, 앉으니까 어때?

매달려 있는 링 잡기

목표물을 향해 팔을 뻗어 보도록 한다. 매달려 있는 사물을 손바닥을 이용하여 잡고 손으로 사물을 쳐서 흔들리는 모습과 달라지는 소리를 살펴본다.

월령 : 5개월 | 영역 : 신체 | 준비물 : 고무줄, 다양한 모양과 색깔의 링

교사: (탄력이 있는 줄로 링을 매달아 놓고)

○○야, 이게 뭐야? ○○가 잡아 볼까?
링이 흔들거리네, 흔들리면서 소리도 나는구나!

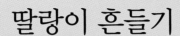

딸랑이 흔들기

사물을 손바닥과 손가락을 이용하여 잡아 본다. 딸랑이를 흔들면 소리가 난다는 행동과 현상의 관계를 인식하도록 한다.

월령 : 5개월 | 영역 : 탐색 | 준비물 : 딸랑이

교사: (영아의 손 가까이에 딸랑
　　　이를 주며) ○○야, 딸랑이를
　　　잡아 볼래?
　　　○○가 딸랑이를 흔드니까
　　　딸랑딸랑 소리가 나네.

교사 무릎에
앉아서 그림책 보기

영아가 교사 무릎에 앉아 놀이하며 신체 접촉을 통해 안정감을 얻도록 한다. 그림책에 나오는 사물의 이름을 들어 본다.

월령 : 5개월 | 영역 : 언어 | 준비물 : 사물 그림책

교사: (영아를 무릎에 앉히며)

　　　○○야, 선생님 무릎에 앉을까?
　　　이게 뭘까? 책이 있구나!
　　　○○가 잡고 읽어 볼까? 이건 뭘까?
　　　물고기구나!

교사에게 안겨 산책 나가기

아직 이동 능력이 없는 영아가 교사의 도움으로 외부로 나가 바람, 햇빛을 느껴 본다.
주변 가까이 있는 자연물을 탐색하고 교사와 신체 접촉을 함으로써 친밀감을 형성한다.

월령 : 5개월 | 영역 : 탐색

교사: 오늘은 날씨가 너무 좋다,
　　　선생님하고 산책 나가 볼까?

　　　(영아를 안고 실외놀이터로
　　　나간다.)

　　　우와, 시원한 바람이 부는구나!
　　　나뭇잎도 바람에 흔들리네?

누르면 돌아가는 장난감 놀이

버튼을 누르면 장난감이 돌아간다는 간단한 인과관계를 경험한다. 손바닥으로 물건을 누르는 연습을 한다.

월령 : 6개월 | 영역 : 탐색 | 준비물 : 누르면 돌아가는 장난감

교사: (장난감을 제시하며) 이게 무엇일까? 어! 선생님이 누르니까 구슬이 움직이네?
○○가 함께 눌러 보자,
와! 구슬이 움직이네?
○○가 다시 한 번 눌러 볼까?

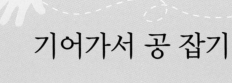

기어가서 공 잡기

영아가 흥미 있어 하는 장난감을 목표물로 제시하여 목표물을 향해 기어가기를 촉진한다. 목표물에 다다랐을 때 성취감을 느낄 수 있도록 한다.

월령 : 6개월 | 영역 : 신체 | 준비물 : 놀이공

교사: (조금만 기어가면 닿을 수 있는
거리에서 공을 흔들며)
○○야, 이게 무슨 소리지?
공이 여기 있네,
○○가 기어와서 공을 잡아 볼까?

거울집 탐색하기

거울집에 엎드리거나 도움 받아 앉아서 거울 속에 비치는 '나'의 모습을 탐색하고 자신의 모습으로 인지하도록 시도한다.

월령 : 6개월 | 영역 : 탐색 | 준비물 : 거울집

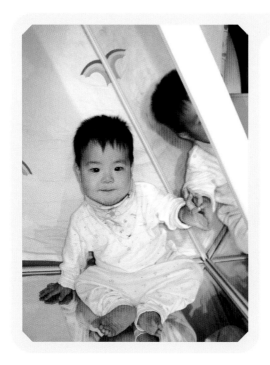

교사: (놀이 영역 한 곳에 거울집을 배치하고)

오늘은 선생님이랑 거울집에 들어가서 놀이해 볼까?

(영아가 거울집 속에 엎드리거나 도움을 받아 앉도록 하여) 거울 속에 누가 있어?

선생님도 있고 ○○도 여기 있네.

다양한 촉감 탐색하기

다양한 촉감을 느껴 보며 촉각 발달을 도모한다.

월령 : 6개월 | 영역 : 탐색 | 준비물 : 다양한 촉감판

교사: ○○야, 이게 뭐야? 다양한 촉감
　　　판이 있네,
　　　○○가 만져 볼까?
　　　이건 느낌이 어때? 부드럽구나!
　　　이건 올록볼록하네,

산책 나가서 나뭇잎 만지기

교사와 함께 산책을 나가서 햇빛을 느껴 보고 나뭇잎의 모습을 탐색한다.

월령 : 6개월 | 영역 : 탐색 | 준비물 : 비상약, 물티슈, 기저귀, 휴지, 유모차

교사: 햇살이 따뜻하네.
　　　나무에 달린 나뭇잎을 만져 볼까?
　　　○○가 손을 뻗어서 나뭇잎을 잡았네.
　　　나뭇잎을 만지니까 부드럽구나.

0세 영아를 위한
다양한 놀이 활동
(6~12개월)

교사 향해 기어가기✽ 교사 손잡고 서기✽ 소리 나는 장난감 탐색하기✽ 바깥 풍경 탐색하기✽ 색깔 상자 놀이✽ 교사 무릎 잡고 서기✽ 담고 쏟기✽ 물놀이✽ 스카프 까꿍놀이✽ 교사 무릎 타기✽ 노래 들으며 오름대 기어오르기✽ 공 따라 기어가기✽ 블록 넣고 소리 듣기✽ 이름 듣고 쳐다보기✽ 거울로 얼굴 보기✽ 감각놀이대 잡고 걸음마 연습하기✽ 짧은 터널 통과하기✽ 공 붙잡고 서기✽ 공기 그림책 보기✽ 공 위에서 움직이기✽ 끌차 타기✽ 붕붕카 잡고 걸음마 연습하기✽ 여러 가지 종이 구기기✽ 친구와 마주보고 서기✽ 인형에게 밥 먹이기✽ 붕붕카 타기✽ 삑삑이 신발 신기✽ 컵 블록에 '아' 소리 내기✽ 피카 블록 넣기✽ 친구랑 시소 타기

36

41

51

교사 향해 기어가기

교사를 향해 기어가며 배와 다리의 힘을 기르고 기어가기 활동을 촉진시켜 준다.

월령 : **7개월** | 영역 : 신체

교사: ○○야! ○○야!
      선생님한테 오세요.
      우와! 우리 ○○가 선생님한테
      기어서 왔구나.

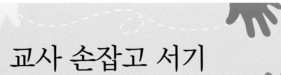

교사 손잡고 서기

교사의 도움을 받아 서 보며 다리의 힘을 기르고 균형감을 발달시킨다.

월령 : 7개월 | 영역 : 신체

교사: ○○야, 선생님 손잡고 서 볼까?
　　　와~ 우리 ○○가 선생님 손잡고 섰네!

소리 나는 장난감 탐색하기

다양한 소리를 들으며 청각을 자극하고 누르면 소리가 난다는 단순한 인과관계를 경험한다. 또한 작은 버튼을 누르며 눈과 손의 협응을 증진시킨다.

월령 : 7개월 | 영역 : 탐색 | 준비물 : 누르면 소리 나는 장난감

교사: ○○야, 이게 뭘까? 누르니까 소리가 나네,
　　　○○가 눌러 볼까?
　　　여러 가지 소리가 나네? 딩동 댕동!

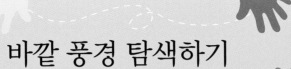

바깥 풍경 탐색하기

시야가 넓어지면서 바깥 풍경에 호기심을 보이는 시기로 교사와 함께 창 밖을 바라보며 바깥 풍경을 탐색한다.

월령 : 7개월 | 영역 : 탐색

교사: ○○야, 오늘은 선생님하고 바깥 풍경을 탐색해
볼까?
바람에 나뭇잎이 흔들리고 자동차도 지나가네.

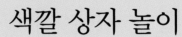

색깔 상자 놀이

친숙한 사물의 여러 가지 색을 경험하며 시각을 자극한다.

월령 : 7개월 | 영역 : 탐색 | 준비물 : 색깔 상자

교사 : ○○야, 이게 뭘까?
    빨간색 상자도 있고 파란색 상자도 있네.
    뚜껑을 열어 볼까? 빨간 사과가 들어있네.
    또 뭐가 들어있는지 볼까? ○○가 꺼내 보자!

교사 무릎 잡고 서기

교사의 무릎을 잡고 서 보며 다리근육을 발달시키고 균형감을 기른다.

월령 : 8개월 | 영역 : 신체

교사: ○○야, 선생님한테 와 볼까?
　　　선생님 무릎을 잡고 서 보자.
　　　○○가 혼자 섰네. (박수)

담고 쏟기

담고 쏟기 활동을 선호하는 시기에 제시할 수 있는 활동으로, 분류 상자에 공을 담고 쏟으면서 공간개념을 형성하고 소근육 발달을 도모한다.

월령 : 8개월 | 영역 : 탐색 | 준비물 : 분류 상자, 공

교사: ○○야, 이게 뭘까? 상자 안에
　　　공들이 담겨져 있네,
　　　○○가 담아 볼까?
　　　우와! 잘한다,
　　　(상자를 엎으며) 이번엔 상자
　　　를 엎으니까 다 쏟아져 버렸네,

물놀이

더운 여름철에 실시할 수 있는 활동으로 물의 색과 냄새, 느낌을 탐색한다.

월령 : 8개월 | 영역 : 탐색 | 준비물 : 물놀이 장난감, 영아용 미니 풀, 미지근한 물

교사: ○○야, 오늘은 물놀이를 해 볼까?
　　　미니 풀에 따뜻한 물이 담겨있네,
　　　손을 담가 볼까? 따뜻하다,
　　　물에서 어떤 냄새가 날까? 냄새를 맡아 볼까?

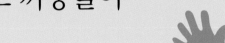

스카프 까꿍놀이

얇게 비치는 스카프를 이용해 두려움 없이 까꿍놀이를 진행할 수 있는 활동으로 대상
영속성을 획득한다.

월령 : 8개월 | 영역 : 탐색 | 준비물 : 얇은 스카프

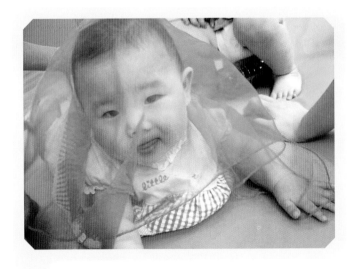

교사: ○○야, 이게 뭐야?

한들한들 스카프가 여기 있네.

(스카프로 얼굴을 가리며)

어! ○○가 안 보여, 어디 있지?

(스카프를 올리고 눈을 맞추며)

까꿍! 여기 있네.

교사 무릎 타기

교사의 무릎을 타며 친근감을 형성하고 신체의 균형감과 높낮이의 변화를 몸으로 느껴 본다.

월령 : 8개월 | 영역 : 신체

교사: 무릎 그네 타 볼까?

　　　 (무릎을 위아래로 움직이며) 흔들흔들~

　　　 ○○이의 기분이 좋구나!

노래 들으며 오름대 기어오르기

영아가 선호하는 교사의 목소리로 부르는 노래를 들으며 안정감을 얻는다. 오르막길에서 기기를 시도해 본다.

월령 : 9개월 | 영역 : 신체 | 준비물 : 스펀지 오름대

교사: ○○야, 우리 거북이가 되어서 오름대를
　　　기어 올라가 볼까?

　　　(노래 부르며)

　　　엉금엉금, 아기 거북이,
　　　엉금엉금, 아기 거북이,
　　　위 보고, 아래 보고, 옆에 보고, 꽈당!

공 따라 기어가기

굴러오는 공을 바라보면서 시각추적능력을 길러 주며 공을 따라 기어 보는 활동을 통해 기기 활동을 촉진시킨다.

월령 : 9개월 | 영역 : 신체 | 준비물 : 공

교사: ○○야, 여기 봐, 공이 있어.
　　　선생님이 ○○ 한테 공 굴려 줄게.
　　　○○야, 공이 굴러간다.
　　　우리 공 따라서 기어 볼까?

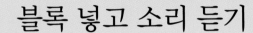

블록 넣고 소리 듣기

블록 하나를 들고 바구니 속에 넣어 보면서 물건을 쥐었다가 놓는 경험을 한다. 블록이
바구니 속으로 떨어지면서 나는 소리를 들으며 청각을 자극한다.

월령 : 9개월 | 영역 : 탐색 | 준비물 : 영아용 블록, 투명한 바구니

교사: ○○야, 이것 봐, 여기 블록이 있네?

(영아가 블록을 자유롭게 탐색하도록 허용해 준다.)

선생님은 여기 바구니 속에 넣어 볼 거야.

우리 ○○도 한번 넣어 볼래?

(소리 나는 블록을 흔들며) 어? 흔드니까 소리가 나네.

이름 듣고 쳐다보기

교사의 목소리로 이름을 불러 주면 영아가 자신의 이름을 들어 보면서 자기를 인식한다. 웃는 교사를 향해 미소 지으며 사회적인 미소를 짓는 경험을 한다.

월령 : 9개월 | 영역 : 언어

교사: ○○야, 선생님 얼굴 좀 보세요,
　　　와~ 우리 ○○가 웃으니까 정말
　　　예쁘구나!

거울로 얼굴 보기

거울을 통해 자신의 얼굴을 바라보면서 자신을 인식하고, 얼굴 부분의 명칭을 이해하고 찾아볼 수 있는 활동으로, 영아의 정체성을 길러 주고 자아감을 높여 준다.

월령 : 9개월 | 영역 : 언어 | 준비물 : 거울

교사: (거울 앞으로 다가가며)
　　　○○야, 여기 봐, 여기 누가 있지?
　　　우리 ○○가 있네.
　　　(영아의 얼굴을 손으로 가리키며)
　　　○○ 눈, ○○ 코…
　　　우리 ○○ 한테 뽀뽀해 줄까?

감각놀이대 잡고 걸음마 연습하기

여러 가지 촉감의 천으로 만들어진 감각놀이대를 잡고 일어서서 다리의 근력을 강화 시킨다. 감각놀이대를 잡고 옆으로 다리를 조금씩 옮겨 보면서 걸음마를 촉진한다. 감각놀이대를 만지며 다양한 촉감을 경험한다.

월령 : 10개월 | 영역 : 신체 | 준비물 : 감각놀이대

교사 : (감각놀이대 뒤편에서) ○○야, 우리 이거 잡고
　　　일어서 볼까?
　　　우와~ 까슬까슬한 느낌이 드네,
　　　여기 선생님한테 걸어와 볼까?

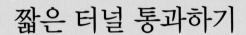

짧은 터널 통과하기

터널을 기어서 통과하며 길이와 공간에 대해 인식하고, 터널 속에 있는 장난감을 만지며 촉감을 경험할 수 있는 활동이다.

월령 : 10개월 | 영역 : 신체 | 준비물 : 짧은 길이의 터널, 장난감

교사: ○○야, 여기로 와 보세요.

　　　(나오는 방향에 좋아하는 장난감을 두어
　　　유도한다.)

　　　여기에 소리 나는 문어도 있고, 공도 있네.
　　　이제 선생님 있는 곳으로 나와 볼까?

공 붙잡고 서기

큰 공을 잡고 서 보면서 다리의 근력을 강화하여 걸음마의 기초가 되는 서기 활동을 경험한다. 공을 잡고 서 있을 때 교사나 양육자가 공을 두드려 주어 공기의 탄력성을 느껴 볼 수 있다.

월령 : 10개월 | 영역 : 신체 | 준비물 : 큰 짐닉볼

아이가 공을 잡고 섰을 때 공이 굴러가지 않도록 안전에 유의한다.

교사: (공이 튕기는 모습을 보여 주면서 관심을 유도한다.)

○○야, 여기봐, 공이 있네!

공을 한번 잡고 서 볼까? 영차!

(공을 두드리며) 통통통~ 두드릴 수도 있네.

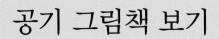

공기 그림책 보기

공기 그림책을 만지면서 공기의 특성을 느껴 보고 촉각을 경험해 본다. 책장을 손으로 넘기며 소근육을 사용하게 되고, 조용하게 그림책을 함께 보며 정서적 안정감을 경험한다.

월령 : 10개월 | 영역 : 언어 | 준비물 : 공기 그림책

교사: 여기 그림책이 있네,
　　　한번 만져 보자,
　　　(그림책을 읽어 준다.)
　　　한번 책장을 넘겨 볼까?
　　　이제 ○○가 한번 보세요,
　　　(영아가 스스로 만져 보고 탐색
　　　하도록 한다.)

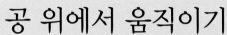

공 위에서 움직이기

큰 공 위에 엎드려 통통 튀어 보면서 공의 탄력을 느낀다. 큰 공 위에 올라가서 활동을 하면서 높이에 대해 지각해 본다.

월령 : 10개월 | 영역 : 신체 | 준비물 : 큰 공

교사: (큰 공을 두드리며 관심을 유도한다.)

○○야, 여기 공이 있네.
공 위에 올라와 볼까?
공이 통통 튀는구나.

(노래를 불러 주면서 영아를 앞뒤로, 혹은
위아래로 움직여 준다.)

끌차 타기

인형 끌차를 타면서 균형감을 기르고 속도감을 경험한다. 움직이는 끌차 위에서 균형을 잡아 보고 빠르게 가는 인형 끌차에 타면서 즐거움을 경험한다.

월령 : 11개월 | 영역 : 신체 | 준비물 : 끌차

교사: ○○야, 여기 끌차가 있네,
　　　우리 ○○가 여기 타 볼래?

　　　(영아의 손을 잡아주거나, 안아
　　　서 태워 준다.)

　　　자, 이제 빠르게 갈 거예요,

붕붕카 잡고 걸음마 연습하기

잡고 서서 걷는 신체적 발달을 보일 때 제시할 수 있는 활동으로 붕붕카를 잡고 스스로 일어서 보며 다리의 근력을 기르고, 균형감을 기른다. 붕붕카를 잡고서 앞으로 걸으며 걸음마 활동을 촉진한다.

월령 : 11개월 | 영역 : 신체 | 준비물 : 붕붕카

교사 : ○○야, 여기 붕붕카가 있네,
　　　 손잡이 잡고 일어서 볼까?
　　　 (영아 앞으로 가서 부른다.)
　　　 자, 선생님 있는 곳으로 한번 와 보자!

여러 가지 종이 구기기

다양한 종이를 만지고 구기고 던지면서 종이를 경험하고, 촉감을 느껴보며 즐거움을 경험한다.

월령 : 11개월 | 영역 : 탐색 | 준비물 : 색종이, 셀로판지, 신문지

💡 영아가 종이를 먹지 않도록 유의한다.

교사: ○○야, 여기 봐, 종이가 많이
있네, 어떤 종이를 만져 볼까?
(영아가 다양한 종이를 만져
볼 수 있도록 도와준다.)
이건 신문지야, 신문지를 한번
구겨 볼까?
까슬까슬 하네,
이렇게 던질 수도 있어,

친구와 마주보고 서기

장난감을 잡고 스스로 서 보면서 다리의 근력을 강화시켜 안정적으로 설 수 있도록 도와
준다. 친구와 마주 보고 서서 친구를 인식하고 함께 놀이를 하는 즐거움을 알게 된다.

월령 : 11개월 | 영역 : 신체 | 준비물 : 함께 잡고 설 장난감

💡 장난감이 넘어지지 않도록 안전에 유의한다.

교사: 우와~ 우리 ○○하고, △△가 일어섰구나.
　　　○○야, 우리 △△한테 인사해 볼까?
　　　안녕~
　　　친구 얼굴을 만져 볼까?
　　　아이~ 예쁘다.

인형에게 밥 먹이기

인형에게 밥을 먹이면서 모방놀이의 기초를 형성한다. 숟가락질 흉내내기를 통해 일상생활의 자조기술 발달에 도움을 준다.

월령 : 11개월 | 영역 : 탐색 | 준비물 : 퍼펫 인형, 숟가락

교사: (퍼펫 인형을 손가락에 끼우고 역할에 따라 목소리를 바꾼다.)
　　　○○배고파요. 밥 주세요.
　　　○○야, 우리 친구한테 밥 먹여 줄까?
　　　냠냠, 냠냠, 아이! 맛있어.
　　　○○야, 고마워.

붕붕카 타기

영아 스스로 다리로 땅을 밀어 붕붕카를 타면서 즐거움을 경험하고, 다리의 근력을 강화시킨다.

월령 : 12개월 | 영역 : 신체 | 준비물 : 붕붕카

교사: ○○야, 여기 자동차가 있네,
한번 타 볼래?
(아이가 스스로 타도록 도와주거나 손을 잡고
타도록 해 준다.)
와! 차가 앞으로 나가네, 재미있다!

삑삑이 신발 신기

발을 움직일 때마다 삑삑 소리가 나는 신발을 신고 걸으면서 자신이 움직이면 소리가 난다는 원인과 결과에 대해 인식시킨다. 걸을 때마다 소리가 나서 걸음마를 촉진시킨다.

월령 : 12개월 | 영역 : 신체 | 준비물 : 삑삑이 신발

교사: ○○야, 이것 봐, 여기 신발이 있네,
　　　(신발을 누르며)
　　　어? 이렇게 누르니까 소리가 나,
　　　○○야, 신발 한번 신어 볼까?
　　　(신발을 신긴다.)
　　　어? 우리 ○○가 걸으니까 소리가
　　　난다,

컵 블록에 '아' 소리 내기

컵 블록을 입에 대고 소리를 내며 자신의 음성을 듣는 경험을 한다. 소리를 내며 컵 속에서 울리는 소리를 경험하고, 언어발달을 촉진시킨다.

월령 : 12개월 │ 영역 : 언어 │ 준비물 : 컵 블록

교사: (컵 블록을 입에 대고 '아' 소리
　　　를 낸다.)

　　　아~~~ 소리가 나네.
　　　우리 ○○도 한번 소리 내 볼래?

　　　(영아의 입에 컵 블록을 대 준다.)

　　　와~ 우리 ○○도 소리를 내는구나.

　　　(영아가 스스로 잡고 소리를 내도
　　　록 한다.)

피카 블록 넣기

좁은 기린의 입 속으로 피카 블록을 넣으며 소근육을 조작하는 경험을 하고, 눈과 손의 협응력을 기른다. 블록이 떨어지면서 소리가 나는 것을 들어 원인과 결과를 이해한다.

월령 : 12개월 | 영역 : 탐색 | 준비물 : 기린, 피카 블록

교사: ○○야, 선생님은 기린한테 밥 먹여 줄 거야.

(교사가 블록을 넣는 모습을 보여 준다.)

어? 소리도 나네.

(영아에게 피카 블록을 주어 스스로 해 보도록 한다.)

와~ 우리 ○○도 기린한테 밥 먹여 주는구나.

냠냠, 맛있다.

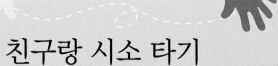

친구랑 시소 타기

친구와 함께 시소를 타며 친구를 느껴 보고 경험해 본다. 위아래로 움직이는 시소를 타면서 높이를 경험하고, 즐거움을 느끼며 시소가 움직이도록 신체를 조절하게 된다.

월령 : 12개월 | 영역 : 신체 | 준비물 : 영아용 시소

 영아가 떨어지지 않도록 안전에 유의한다.

교사 : ○○야, 여기 봐, 꽃게 시소가 있네,
　　　한번 위에 타 볼래?
　　　(영아를 시소에 태워 준다.)
　　　위로, 아래로, 위로, 아래로,
　　　우리 ○○가 올라가니까 △△는 아래로 가네,

chapter

2

1세의 발달적
특성과 놀이

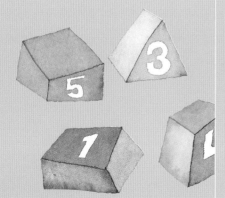

1. 1세 영아들은 어떻게 자랄까?

2. 1세 영아와 놀이해 주세요.
- 감각 놀이 활동(12~18개월)
- 자연탐색 놀이 활동(12~18개월)
- 엄마·아빠 놀이 활동(12~18개월)
- 자동차 놀이 활동(12~18개월)
- 색깔 놀이 활동(12~18개월)
- 감각 놀이 활동(19~24개월)
- 공놀이 활동(19~24개월)
- 응가 놀이 활동(19~24개월)
- 색깔 놀이 활동(19~24개월)
- 자동차 놀이 활동(19~24개월)

2 1세의 발달적 특성과 놀이

1. 1세 영아들은 어떻게 자랄까?

돌이 갓 지난 아기들은 주변의 모든 것에 대해 호기심을 가지며 매우 활발하게 주변을 탐색한다. 이들이 획득한 가장 큰 능력은 바로 '이동능력'이다. 항상 누워만 있거나 기어 다니기만 하던 돌 전의 영아들보다 1세 영아들은 의도하는 방향으로 쉽게 이동이 가능해져 호기심을 충족시키기 위한 주변 탐색에 몰두하게 된다. 따라서 이 시기 영아들은 어느 시기보다도 다루기가 어렵다. 특히 1세 영아들은 옷 서랍을 열어 옷가지를 다 끄집어 내거나, 엄마의 화장대에서 화장 도구들을 다 만져 놓고, 부엌의 살림도구들을 꺼내어 논다. 어머니들은 이렇게 탐색 욕구가 강한 영아를 양육하는 데 어려움을 느끼기 시작한다.

1) 13~18개월의 발달적 특성

12개월 전후로 걷기 시작하는 영아는 이전과 달리 기동력을 갖게 된다. 지난 12개월에 걸친 커다란 신체 발달에 이어 이제부터는 발달의 여러 측면에서 변화가 나타난다.

영아가 안정적으로 자신의 충동을 통제하고, 스스로 능력 있게 행동할 때 자율적이라 느끼게 된다. 따라서 부모와 교사는 1세아의 발달적 특성을 이해하고 1세아 발달에 적합한 다양한 활동을 제공하고 상호작용을 하여야 한다.

(1) 신체 발달

몸의 움직임은 날로 활발해지고, 붙잡고 일어서던 영아도 스스로의 힘으로 일어서게 된다. 그대로 몇 걸음 걸을 수 있는 영아도 있다. 운동 능력의 발달과 더불어 리듬감도 생겨 음악이 나오면 몸을 흔들기도 한다. 개인차가 있지만, 12~15개월 사이에 걷기 시작하는 영아가 가장 많으며 18개월까지는 대부분의 영아가 걷기 시작한다.

손놀림이 점점 섬세해져 숟가락과 포크를 사용하고, 영아용 컵의 우유를 흘리지 않고 먹을 수 있게 된다. 블록을 서로 두드리거나 쌓고 버튼을 누르기도 한다.

(2) 인지 발달

여러 가지 사물에 대하여 관심이 많고 시행착오의 방법을 통해 사물을 실험한다. 여러 장소(서랍 안, 침대 밑, 옷장 속)에 숨겨진 물건을 찾아내길 좋아하고 의도를 가지고 찾아낸다. 숨기고 찾아내는 놀이를 즐기게 되고, 다양한 방법(던지기, 굴리기, 두드리기 등)으로 장난감을 가지고 놀기 시작한다.

관심 있는 놀이나 사물, TV에 대한 주의집중 시간이 많이 늘고, 사람과 사물에 대한 기억력이 눈에 띄게 향상한다. 주변의 가족(할머니, 할아버지, 친척 등) 자주 만나는 가족의 특성에 대한 기억과 회상 능력도 생긴다.

(3) 언어 발달

돌이 지난 무렵에는 의미 있는 말을 하는 영아가 많아진다. 그렇지만 말이라고는 해도 매우 간단한 것으로 "맘마" 라든지, "엄마" 정도의 단어가 대부분이다.

말을 하는 시기는 걷는 시기와 마찬가지로 개인차가 커서 첫돌이 지나도 좀처럼 말을 하지 못하는 영아도 적지 않다. 지금은 말을 하지 않더라도 부모나 교사가 하는 말을 어느 정도 알아듣는다면 큰 문제가 없다.

(4) 사회/정서 발달

의사와 감정 표현이 더욱 분명해지고, 야단 맞으면 울고 칭찬 받으면 웃는 등 상대방의 말과 행동에 적절한 반응을 나타낸다. 친숙한 성인, 형제와의 놀이에 참여할 수 있고, 자기 자신을 인식하기 시작한다. 다른 사람의 정서적 반응(울음, 화냄)에 관심을 보이며, 동정의 신호를 보내기도 한다.

"기저귀 쓰레기통에 버려 줄래?" 등 간단한 지시에 따라 행동할 수 있고, 친숙한 성인(엄마, 주 양육자)에게 긍정적인 정서 표현을 자주하기도 한다.

2) 19~24개월의 발달적 특성

몸무게에 비해 키와 다리가 급속도로 자라나고, 피하지방이 줄어들어 날씬한 몸매가 된다. 운동량도 급증하여 능숙하게 걷고 뛰어다니는 것도 좋아한다. 자아와 소유의식이 생겨 부모나 교사의 지시에 잘 따르지 않으려 한다.

(1) 신체 발달

걷는 것이 능숙해진다. 걸을 때 두 발을 앞뒤로 교차시키고 발과 무릎의 움직임도 훨씬 부드러워진다. 걷는 것뿐만 아니라 뛰는 것도 좋아해 주로 뛰어다닌다. 손을 잡아 주면 한 층씩 두 발을 맞추어 계단을 오를 수 있다. 그러나 계단 오르기는 아직 힘든 일이고, 대부분의 영아들은 계단 내려오는 것을 무서워한다.

손가락 운동 능력이 더욱 발달하여 서툴지만 연필, 크레용으로 어떤 모양을 그리는 것이 가능해진다. 큰 종이를 마련하여 주고 그리고 싶은 대로 마음껏 그리게 해 준다.

(2) 인지 발달

이 시기에 영아는 자신의 앞에 있던 물건을 보는 앞에서 감추면 이를 찾아 낼 수 있다. 또한 성인의 행동을 모방하는 것을 볼 수 있다. 목이 마르지 않아도 컵으로 물을 마시는 시늉을 하거나, 전화 받기, 잠자는 척 하기 등의 초기 가장 놀이가 나타난다. 병원이나 영아가 좋아하는 공원 등 경험했던 장소에 대한 사진을 보며 간단히 회상할 수 있으며, 보다 효과적으로 물건을 분류할 수 있게 된다.

(3) 언어 발달

말할 수 있는 단어수가 늘어나고 2세 무렵에는 자신의 욕구를 한두 마디 단어로 표현할 수 있다. 따라서 신체 각 부분의 이름이나 동물, 사물의 이름을 묻는 놀이가 가능해진다. "눈은 어디에 있나요?"라고 물으면 자신의 눈을 가리키고, 그림책 속에 "토끼는 어디에 있나요?"라고 물으면 토끼를 가리키는 놀이를 할 수 있게 된다.

(4) 사회/정서 발달

사회성과 의사소통 능력이 점점 발달하여 또래를 도울 줄 알게 되고, 또래의 장난감을 뺏으려 드는 일도 적어지며, 자기의 장난감을 또래에게 빌려 주기도 한다.

또한 모방 욕구가 강해져 주위 사람들을 모방하기를 좋아하며 병원 놀이, 가게 놀이 등 흉내내기 놀이를 즐겨한다. 흉내내기 놀이를 즐겨 한다는 것은 상상력이 풍부해지고, 주위의 관계를 인식하기 시작한다는 것을 의미한다.

또래와 적극적인 놀이가 나타나지 않으며 또래가 옆에 있으면 이들을 의식하여 웃거나 장난감을 건네기도 하지만 여전히 혼자 놀이가 많이 나타난다.

2. 1세 영아와 놀이해 주세요.

몸과 마음이 건강한 영아들은 호기심을 가지고 주변 환경을 활발하게 탐색하며 놀이한다. 놀이는 누구의 강요가 아닌 영아 자신의 동기유발로 자발적이고 즐겁게 활동하는 '영아주도적 학습과정' 이라는 점에서 매우 중요하다. 학습은 자기 스스로 흥미가 있을 때 가장 효과적이기 때문이며, 그러한 점에서 자신의 흥미에 따라 자발적으로 놀이하는 영아는 세상을 효과적으로 학습하게 된다.

그렇다면 어떻게 영아와 놀이해 주는 것이 좋을까? 부모나 교사들은 영아의 놀이를 촉진시키기 위해 너무 적극적으로 개입하거나 명령하지 않는 자세가 요구된다. 왜냐하면 부모님의 명령이나 잦은 개입은 영아의 놀이 흐름을 방해하여 자발적인 학습 과정에서 흥미를 잃게 만들 수 있기 때문이다. 영아는 엄마가 자신의 놀이를 관심 있게 지켜보고 있다는 것과 자신이 필요로 할 때 언제든지 재미있게 함께 놀이해 주는 '좋은 대상' 이라는 신뢰감만으로도 놀이에 적극적으로 참여한다. 영아의 놀이 흐름에 맞추어 함께 자연스럽게 놀이해 주는 것이 중요하다.

1세 영아의 놀이 특징을 사회적 놀이, 인지 놀이, 신체 놀이, 상징 놀이, 언어 놀이 등으로 나누어 특징과 지도 방법을 간략히 살펴보고자 한다. 영아의 수준과 함께 놀이하는 방법에 대해 살펴보면 다음과 같다.

(1) 사회적 놀이

만 1세(12개월~24개월) 영아들은 12개월 이전의 영아들에 비해 또래들과 상호작용을 많이 하지만 또래들과 어울리기보다는 아직 혼자 자신의 장난감을 가지고 노는 혼자 놀이를 주로 한다. 영아들의 노는 모습을 관찰하면 분명 또래와 함께 앉아 놀고 있지만 각기 자신의 장난감을 가지고 병행 놀이를 하는 것을 볼 수 있다. 이 시기 영아들은 또래보다는 자신에게 친숙한 성인과 함께 노는 것을 더욱 좋아한다. 그러므로 1세 영아의 발달적 놀이 특성을 이해하고 그 특성에 맞는 장난감과 놀이 환경 속에서 상호작용해 주는 것이 중요하다.

12~24개월까지는 영아가 아직 혼자 놀이를 즐기는 시기이다. 그러므로 일단 조용하게 놀이에 몰두할 수 있는 환경을 마련해 준다. 영아의 놀이에 많이 참견하는 것보다는 놀이하는 것을 옆에서 지켜봐 주면서 간단한 질문을 던지거나 필요로 할 때 도와주는 것이 영아가 놀이에 집중하는 데 더욱 효과적이다.

또한 영아가 병행놀이를 할 때는 다른 또래와 가까이 놀 수 있도록 기회를 주는 것이 필요하다. 또래와 놀이할 수 있는 환경을 만들어 준다면 일단 첫 단계는 성공이다. 소꿉 놀이나 블록 놀이는 영아가 또래들과 같은 장난감을 가지고 놀수 있는 효과적인 놀이이다. 함께 놀이하면서 다른 친구에게 관심을 가질 수 있도록 옆에서 부모 또는 교사가 도와 주는 것이 필요하다. 영아가 다른 사람들과 상호작용하는 데 도움이 되는 장난감들을 준비하여 함께 놀이한다. 전화기, 소꿉 장난감, 인형, 자동차, 블록 등은 다른 사람과 함께 놀이할 수 있는 좋은 사회적 장난감이다.

이렇게 도와주세요!

① 조용하게 놀이에 몰두할 수 있는 안전하고 쾌적한 환경을 마련해 준다.
② 영아가 또래와 가까이 놀 수 있는 기회를 많이 만들어 준다.
③ 전화기, 소꿉 장난감, 인형, 자동차, 블록 등의 사회적 장난감들을 활용하여 영아가 다른 사람과 즐겁게 상호작용하도록 해 준다.

(2) 인지 놀이

만 1세경의 영아들은 단순히 물체를 빨고 잡고 반응하던 것으로부터 서서히 생각할 수 있는 지적 능력이 발달하기 시작한다. 1세 후기로 가면서 인지적인 능력은 더욱 발달하게 되는데 가장 큰 특징은 다른 사람의 행동을 따라할 수 있는 '모방 능력'을 갖게 되는 것이다. 즉, 영아들은 이전에 보고 들었던 다른 사람의 행동이나 말을 기억했다가 그대로 재현하는 지적 능력을 획득하게 된다.

이 시기의 영아들은 엄마와 함께 하던 재미있는 놀이를 기억하고, 자기가 좋아하는 그림책과 장난감이 어디 있는지도 알 수 있다. 이 때 물건을 숨겼다가 다시 찾는 놀이를 한다. 영아는 여러 가지 물건을 감추었다가 감추었던 장소를 다시 찾아 내는 놀이를 통해 기억 능력을 발달시킬 수 있다.

일상 생활 속에서 미각, 촉각, 시각, 청각, 후각의 오감각을 자극해 주는 다양한 기회들을 제공한다. 자연의 소리, 기계 소리, 음악 소리 듣기, 다양한 음식과 과일의 냄새를 맡고 맛 보기, 손을 사용해서 만지고 느껴 보는 활동들은 영아들의 두뇌를 자극하여 인지적인 발달을 돕는다.

1세 영아들은 매우 분주하게 움직이며 열심히 탐색한다. 또한 담고 쏟는 놀이를 좋아하여 플라스틱 그릇에 장난감을 담았다 쏟는 놀이를 반복하기도 한다. 영아의 탐색 능력을 자극할 수 있는 탐색 장난감과 탐색 활동을 준비한다. 탑쌓기 장난감, 다양한 블록, 안전거울, 그리기 자료들, 1~3조각 퍼즐, 소리 나는 장난감 등으로 함께 탐색 놀이할 수 있다.

이렇게 도와주세요!

① 물건을 숨겼다가 다시 찾는 놀이를 해 준다.
② 일상 생활 속에서 다양한 자연과 기계 소리, 맛, 냄새, 촉감, 시각적으로 관찰할 수 있는 감각 자극 활동을 자주 해 준다.
③ 영아의 호기심을 자극할 수 있는 다양한 탐색 장난감(탑쌓기 장난감, 다양한 블록, 안전거울, 그리기 자료들, 1~3조각 퍼즐, 소리 나는 장난감)을 준비하고 탐색 환경을 만들어 준다.

(3) 상징 놀이

1세 영아들은 초기 상징 놀이를 한다. 상징 놀이란 '마치 ~인 척하는' 가작화의 요소가 내포된 놀이를 말한다. 이 시기 영아들은 곰인형을 안아서 흔들어 주기도 하고, 아기인형을 등에 업고 돌아다니기도 하며, 물을 먹는 시늉을 하기도 한다.

상징 놀이를 할 수 있다는 것은 실제는 아닌 것을 '마치 ~인 것처럼' 생각할 줄 아는 능력이 생겼다는 것으로 영아의 입장에서는 대단한 인지적 진보이다. 베개를 아기처럼 업고 다닌다든지, 블록을 비행기로 상상하며 놀이하는 것, 작은 고

🐘 이렇게 도와주세요!

① 영아가 어떤 놀이를 하고 있는지 옆에서 관찰하다가, 구체적인 상황을 이야기로 표현해 준다. 예를 들어, 영아가 "부릉 부릉"하며 자동차를 밀고 있다면, "와~ 차가 오는 소리가 들리네!"라고 말해 준다.

② 영아의 행동을 그대로 모방한다. 예를 들어, 영아가 플라스틱 용기로 물을 마시는 흉내를 낸다면, 엄마도 옆에서 똑같이 물을 마시는 흉내를 내면서 병행놀이를 해 준다.

③ 영아의 상징 놀이 행동을 칭찬한다. 예를 들어 영아가 인형에게 밥을 잘 먹여 주고 있다면 "우리 ○○는 정말 좋은 엄마구나."라고 강화해 준다.

④ 영아의 상징 놀이에 슬쩍 끼어들어 개입한다. 예를 들어, 영아가 인형을 가지고 놀고 있다면, "아주머니, 이 아기가 우네요. 배가 고픈가 봐요. 우유 좀 주세요."라고 말함으로써 새로운 놀이로 유도할 수 있다.

⑤ 때로는 영아의 상징 놀이에 직접적인 제안을 해 준다. 예를 들어, 동물 놀이를 하고 있다면, 벽돌 블록을 쌓고 "우리 이 안을 동물우리라고 하자."라고 얘기하며 놀이를 더욱 확장시켜 준다.

⑥ 영아에게 상징 놀이의 모델링을 해 줄 수 있다. 예를 들어, 장난감 자동차와 인형을 준비하고 인형이 말하는 것처럼 "아저씨, 서울역까지 좀 태워 주세요."라고 말하며, 또 다른 기사 인형으로는 "네. 손잡이를 꼭 잡으세요. 출발합니다."라고 말하는 놀이를 보여 주며 상징 놀이를 촉진시켜 줄 수 있다.

출처 : Gowen, 1995

무공을 플라스틱 용기에 담아 아이스크림처럼 먹는 시늉을 한다든지 하는 상징 놀이는 영아의 머리 속에 무한한 상상의 나래와 인지적, 창의적 능력이 발달하고 있다는 증거이다.

(4) 신체 놀이

12~24개월 동안 영아들은 놀랄만한 신체 발달을 이룬다. 혼자 서고 걷기 시작하며, 자신에게 생긴 '이동능력'을 활발하게 연습하며 즐거워 한다. 또 신체를 이용하여 끌고 밀고, 던지고, 당기고, 쏟아서 비웠다가 다시 가득 채우기를 좋아한다. 작은 물건에 관심이 많고, 장난감을 이리저리 옮기면서 놀이한다. 또한 손가락 조작 기술이 발달하여 세 손가락을 이용하며 물건을 잡을 수 있고, 두꺼운 책장을 2~3쪽씩 넘기기도 한다.

이 시기 영아들은 대근육을 이용한 신체 놀이를 즐기기 때문에 대형 스펀지 블록, 소형 미끄럼틀, 큰 자동차, 밀고 끌고 다닐 수 있는 장난감 등을 준비해 주고, 장애물이 없는 넓은 공간에서 마음껏 구르고 걷고 뛸 수 있는 기회를 충분히 주는 것이 중요하다.

이렇게 도와주세요!

① 이동 능력이 생긴 영아가 마음껏 걷고 뛰어놀 수 있는 넓은 공간을 마련해 준다.
② 신체 놀이에 적합한 밀고 당기는 장난감, 타는 장난감, 다양한 크기의 공, 오르내릴 수 있는 기구, 세 발 자전거 등과 같은 장난감을 제공해 준다.
③ 다양한 공을 활용하여 재미있는 공놀이를 즐겨 본다. 앉아서 공굴리기, 공차기, 공 던지고 받기 등 즐겁게 놀이해 준다. 영아가 신체 놀이를 배우는 데는 말로 설명하기보다 직접 시범을 보이는 것이 훨씬 효과적이다.
④ 영아가 다양한 신체 놀이를 시도할 때 칭찬과 격려로 지지해 준다.

(5) 언어 놀이

영아기는 일생 중 가장 급속한 발달이 이루어지는 시기인데 언어 발달에 있어서도 놀라운 발전을 보이는 시기이다. 울음으로 자신의 요구와 필요를 표현하던 영아는 쿠잉과 옹아리의 시기를 지나 12개월을 전후하여 한 단어 말을 할 수 있게 되고 점차 어휘와 문장의 구조를 익혀가게 된다. 1세 영아들은 성인이 이야기하는 내용을 이해하는 능력이 향상되면서 주요한 몇몇 단어를(예를 들어, 1세 영아가 "물…"이라 말하면 목이 마르니 물을 달라는 뜻을 포함한다.) 사용하여 성인과의 의사소통이 가능하게 된다.

먼저 영아의 언어 표현과 행동을 주의 깊게 관찰하여 현재 아이의 언어 발달 수준을 이해하는 것이 중요하다. 영아의 언어 발달 수준을 이해하고 짧고 간단하지만 완벽한 문장을 사용하여 영아와 자주 상호작용 해 주는 것이 필요하다. 따라서 언어의 반복과 리듬을 이용한 손유희, 자장가, 전래동요 등의 언어 활동을 함께 하며 즐겁게 상호작용 해 준다. 또한 1세 영아들은 그림책에도 많은 관심을 보인다. 그림이 많고 내용이 적게 들어간 영아용 그림책을 영아와 함께 손으로 짚어 보고 단어를 반복하여 따라하는 활동을 통해서 그림책을 친숙하게 여기고 좋아할 수 있도록 도울 수 있다.

이렇게 도와주세요!

① 영아의 언어 표현과 행동을 주의 깊게 관찰하여 현재 영아의 언어 발달 수준을 이해한다.
② 언어의 반복과 리듬을 좋아하는 영아의 특징을 반영하여 같은 단어를 반복해 사용하여 상호작용 한다.
③ 기본적인 운율과 리듬감이 자연스럽게 반복되는 전래동요나 노래, 동시 등을 들려주고 함께 불러 본다.
④ 그림이 많고 내용이 적게 들어있는 영아용 그림책을 함께 보며 이야기 나눈다.

1세 영아를 위한
감각 놀이 활동
(12~18개월)

주방 도구 탐색하기 ✳ 밀가루 반죽 채우기 ✳ 과일 주스 만들기 ✳ 촉감 발판 밟기 ✳ 촉감 상자 놀이 ✳ 신문지 구기기 ✳ 마카로니 만지기 ✳ 포프리 향기 맡기 ✳ 촉감 벽 만지기 ✳ 녹말 그림 그리기

77

79

84

주방 도구 탐색하기

여러 가지 주방 도구를 탐색해 봄으로써 각 도구에서 어떠한 소리가 나는지 알고, 사물에 따라 소리가 다름을 알 수 있다.

월령 : 13~18개월 | 영역 : 탐색 | 준비물 : 각종 주방 도구

💡 뾰족하거나 날카롭지 않고 쉽게 깨지지 않는 것으로 준비한다.

교사: (여러가지 주방도구를 보여 준다.)
　　　이건 뭘까? 어디에서 봤지?
　　　이렇게 두드리니까 소리가 나네.
　　　(각각의 그릇을 따로따로 두드려
　　　보면서) 소리가 다르네.

영아: (그릇을 두드리며 소리를 듣는다.)

밀가루 반죽 채우기

밀가루를 자유롭게 탐색한 후 색을 섞어 제공함으로써 색에 대한 탐색을 하고, 손으로 만지고 달걀판에 밀가루를 채워 넣으면서 눈과 손의 협응력을 기를 수 있고, 소근육의 발달을 도모할 수 있다. 또한 자유롭게 밀가루를 만지며 모양을 만드는 과정을 통해 창의력을 증진시킬 수 있는 활동이다.

월령 : 13~18개월 | 영역 : 창의/소근육 활동 | 준비물 : 밀가루 반죽, 달걀판

💡 밀가루를 입에 넣지 않도록 하고, 달걀판은 미리 날카로운 부분을 둥글려 준비한다.

영아: (밀가루를 자유롭게 가지고 논다.)

교사: (달걀판을 보여 주며) 이건 뭘까?

영아: (달걀판을 탐색한다.)
　　　(밀가루를 동그랗게 만들어 본다.)
　　　동그래요,

교사: 어, 달걀판에 들어가네?
　　　눌러 볼까? 어떻게 됐니?

과일 주스 만들기

제철에 나는 과일과 관련된 책을 살펴본 후, 빵칼을 이용하여 직접 과일을 잘라 봄으로써 잘랐을 때 단면을 탐색해 보고, 믹서를 사용함으로써 믹서에 대한 관심과 요리에 대한 흥미를 가질 수 있다. 자리에 앉아 믹서가 돌아갈 때 과일의 변화를 직접 눈으로 탐색하며 먹어 보고, 이에 따른 느낌이나 생각을 언어적, 비언어적으로 자유롭게 표현해 볼 수 있다.

월령 : 13~18개월 | 영역 : 창의 | 준비물 : 과일(바나나, 토마토), 빵칼, 믹서, 컵, 개인 접시, 우유

💡 믹서의 소리에 놀라지 않도록 미리 경험할 수 있도록 한다. 믹서를 사용하는 동안에는 자리에서 일어나지 않고 눈으로만 지켜보도록 한다.

영아: (과일과 관련된 책을 본다.)

교사: 이건 이름이 뭘까?

영아: (과일을 직접 만져 보고 냄새를 맡아 보고 맛을 본다.)

교사: 어떤 냄새가 나?
느낌이 어때?

영아: (빵칼을 이용하여 잘라 본다.)
(믹서에 과일을 넣고 우유를 넣어 간다. 갈기 전과 갈고 난 후의 과일의 변화를 탐색해 본다.)

교사: 과일이 믹서에 들어가니까 어떻게 되었어?

영아: (다 만든 과일 주스를 컵에 넣어 마셔 본다.)

교사: 맛이 어때?

촉감 발판 밟기

교사의 손을 잡고 한 발씩 올라서서 몸을 움직이며 발의 촉감을 느껴 보고 비언어적, 언어적으로 표현해 볼 수 있다. 촉감과 함께 나는 여러 소리를 들어 봄으로써 소리에 대한 자극을 받을 수 있고, 이후에는 혼자서 걸어 올라갈 수 있으며 몸의 균형을 잡기 위해 중심을 잡을 수 있다.

월령 : 13~18개월 | 영역 : 대근육 활동 | 준비물 : 촉감 발판

💡 처음에는 발에 닿는 느낌을 싫어할 수도 있으므로 천천히 영아들이 탐색할 수 있도록 한다.

교사 : (교실에 배치하여 영아들이 자연스럽게 흥미를 가질 수 있도록 한다.)

손으로 만져 볼까?

어, 소리가 나네?

올라가 볼까?

(처음에는 교사가 손을 잡아 준다.)

느낌이 어때?

(영아들이 익숙해 졌을 때 손을 놓고 혼자서 균형을 잡아 올라가 보도록 한다.)

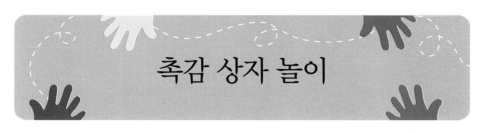

촉감 상자 놀이

여러 가지 촉감을 경험하고 느낌을 언어적/비언어적으로 표현하는 활동이다.

월령 : 13~18개월 | 영역 : 탐색 | 준비물 : 촉감 비밀 상자

💡 촉감 비밀 상자를 무서워 할 수도 있으므로 교사가 함께 활동을 하며, 이에 따라 상호작용 한다.

교사: 여기 안에는 무엇이 있을까?

(교사가 먼저 손을 넣어 본다.)

우와~ 부드러워.

○○이도 만져 볼래?

○○이가 만진 건 느낌이 어때?

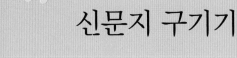

신문지 구기기

신문지를 밟고 구기면서 신문지의 촉감과 구겨지는 소리를 탐색할 수 있는 활동으로 신문지를 구기고 던지면서 소근육과 대근육의 균형적인 발달을 도모하고 스스로 신문지를 찢어 보는 활동으로 연결할 수 있다.

월령 : 13~18개월 | 영역 : 대/소근육 활동 | 준비물 : 신문지

💡 신문지를 입에 넣지 않도록 주의한다.

교사: 이건 뭘까?
　　　발로 밟아 볼까? 느낌이 어때?
　　　(구기면서 귀에 대 본다.)
　　　이렇게 하니까 소리가 나네,
　　　들어 볼까?
　　　어, 동그랗게 구겨졌네, 던져 볼까?
　　　발로 찰 수도 있겠다,
　　　발로 차 볼까?

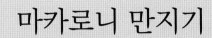

마카로니 만지기

마카로니의 느낌을 다양한 방법으로 표현해 보고 삽을 이용하여 퍼고 담아 볼 수 있다. 마카로니를 바닥에 뿌렸다가 소근육을 이용하여 지퍼백에 담아 보는 활동으로 확장하여 전개할 수 있고, 마카로니로 만든 음식을 보며 형태의 변화도 함께 탐색해 볼 수 있다.

월령 : 13~18개월 | 영역 : 대/소근육 활동 | 준비물 : 마카로니, 모래 놀이 상자, 삽, 자동차, 조리개 등

💡 마카로니를 입에 넣지 않도록 주의시키고 부러지면 날카로워지므로 수시로 확인한다.

교사: 무슨 색이지?
　　　만져 볼까?
　　　느낌이 어때?
　　　부서지기도 하네.
　　　손으로 잡으니까 손가락 사이로
　　　빠지네, 무엇으로 풀 수 있을까?
　　　삽으로 퍼 볼까?
　　　자동차에 마카로니를 담아서
　　　배달 가 볼까?

포프리 향기 맡기

다양한 향기의 포프리 향기를 맡아 보는 활동으로 코로 냄새를 맡는다는 것을 알 수 있으며, 다양한 냄새를 다양하게 표현해 볼 수 있다.

월령 : 13~18개월 | 영역 : 탐색 | 준비물 : 다양한 향기가 나는 포프리

💡 포프리는 다양한 향기가 들어있고 찢어지지 않는 재질로 만든 것을 이용한다.

교사: 만져 볼까?

느낌이 어때?

음, 냄새도 나는 것 같아,

냄새는 어디로 맡을 수 있을까?

냄새가 어때?

(다른 포프리를 제시하며)

이건 어떤 냄새일까?

(교실에 게시하여 일상생활할 때 자유롭게 탐색해 볼 수 있도록 한다.)

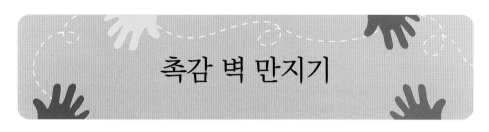

촉감 벽 만지기

다양한 촉감 벽면을 만져 봄으로써 여러 촉감을 경험하고 비교해 보면서 촉감의 느낌을 언어 또는 표정으로 자연스럽게 표현한다.

월령 : 13~18개월 | 영역 : 언어 | 준비물 : 촉감 벽

교사: 그건 뭐야? 한번 만져 볼까?
　　　느낌이 어때?
　　　얼굴에 대 볼까?
　　　손으로 만져 보자,
　　　(촉감을 말로 표현해 준다.)
　　　보들보들하구나,

녹말 그림 그리기

녹말을 물에 타서 손으로 만져 보고 촉감을 느껴 보는 활동으로 녹말에 색을 타서, 색에 대한 자극과 함께 자유롭게 뿌려 봄으로써 창의력 증진을 도모할 수 있다.

월령 : 13~18개월 | 영역 : 창의 | 준비물 : 그릇, 녹말가루, 물감, 물, 전지

💡 손으로 만지는 느낌을 싫어하는 영아가 있을 수도 있으므로 비닐 팩에 담아 제시해도 좋다. 단, 물에 탄 녹말이 흐르지 않도록 정교하게 만들어야 한다.

영아: (녹말 가루를 탐색한다.)

교사: 느낌이 어때?

(녹말가루에 물을 탄 후 자유롭게 만지고 탐색해 본다.)

(녹말가루와 가루를 물에 탄 것을 함께 제시하며)

물을 타니까 어떻게 되었지?

만져 볼까?

물감을 넣으면 어떻게 될까?

(영아들이 전지에 자유롭게 녹말을 던지거나 그려 볼 수 있도록 한다.)

1세 영아를 위한
자연탐색 놀이 활동
(12~18개월)

빨래 놀이❋맨발로 모래 밟기❋인형 목욕시키기❋복숭아 얼음과자 만들기❋소꿉놀이 그릇 씻기❋'수박 노래' 부르기❋수박화채 만들기❋오이 마사지❋두꺼비 집 만들기❋빗소리 듣기

97

88

91

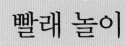

빨래 놀이

옷을 물에 넣고 빨래를 하면서 물과 옷감의 느낌을 감각적으로 느낄 수 있고, 직접 옷을 짜서 빨랫줄에 널면서 소근육을 발달시킬 수 있다.

월령 : 13~18개월 | 영역 : 대/소근육 활동 | 준비물 : 빨랫줄, 빨래통, 옷, 손수건

💡 옷이 젖을 수 있으므로 앞치마를 착용한다.

교사: 빨래통에 옷을 넣고 빨아 보자!
　　　옷이 더러워,
　　　(옷을 빨면서) 깨끗하게 빨아야지,
　　　물이 시원해,
　　　다 빨았으면 물이 없게 손으로 옷을 짜야해, (옷을 짠다)
　　　물이 많이 나오네,
　　　(빨래줄에 넌다.)
영아: (옷을 짜고 빨래줄에 넌다.)

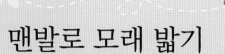

맨발로 모래 밟기

모래로 발을 덮어 숨기거나, 걷기, 발로 모래 차기, 발바닥 찍기 등의 활동을 통해 모래의 느낌을 감각적으로 느끼고 자유롭게 표현하면서 대근육을 발달시킬 수 있다.

월령 : 13~18개월 | 영역 : 대/소근육 활동 | 준비물 : 모래

💡 모래 속에 날카로운 것이 있는지 미리 살펴보고 불순물을 제거한다.

교사: 양말을 벗고 모래 위를 걸어 보면 어떤 느낌일까? (영아들과 양말을 벗고 모래 위를 걸어 본다.)

영아 1: 차가워요, 꺼칠꺼칠해요.

영아 2: (모래 위에서 점프한다.)

영아 3: (모래로 발을 덮는다.)

교사: 발이 없어졌네?

영아 2: (발로 모래를 꾹 밟는다.)

교사: 모래에 발이 찍혔네!

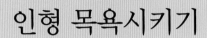

인형 목욕시키기

인형 목욕시키기 활동은 물과 비누거품을 감각적으로 느껴 보고 인형을 씻기고 수건으로 닦아 주는 과정을 통해 즐거움을 느끼는 활동이다.

월령 : 13~18개월 | 영역 : 창의 | 준비물 : 욕조, 바디샴푸, 수건, 물, 아기인형, 옷, 로션

💡 비눗물을 먹지 않도록 주의시킨다.

교사: 아기 목욕시켜 줘야겠다, 함께 할까?
　　　아기 눈과 귀에 물이 들어가지 않도록 조심해야 해,

영아: (인형을 욕조에 넣는다.)
　　　(머리와 몸을 닦는다.)

교사: 아기가 목욕하니까 기분이 좋은가 봐, 감기 걸리지 않게
　　　수건으로 잘 닦아 주세요,

영아: 네,(수건으로 물기를 닦아준 후 로션을 발라 준다.)

복숭아 얼음과자 만들기

여름 과일 복숭아를 탐색하고 난 후 복숭아를 믹서로 갈아서 얼음과자 틀에 넣은 후 냉동실에 넣어서 변화하는 과정을 직접 요리를 해보는 활동으로 재료의 변화 과정을 관찰하고 맛을 보며 즐거움을 느낄 수 있다.

월령 : 13~18개월 | 영역 : 창의 | 준비물 : 복숭아, 빵칼, 도마, 믹서, 얼음과자 틀, 냉장고

💡 믹서 사용 시 교사의 도움을 받는다.

영아: (복숭아의 겉면을 탐색한다.)

교사: 어떤 느낌이 나니?

영아: (껍질 벗긴 복숭아를 탐색하고 맛보게 한다.)

교사: 이번엔 어떤 느낌이 나니? 어떤 맛이야?

영아: (교사의 도움을 받아 빵칼로 복숭아를 잘라 믹서에 넣고 간다.)

교사: 복숭아가 어떻게 됐어?

영아: 없어졌어요.

(교사와 함께 얼음과자 틀에 갈은 복숭아를 넣고 냉동실에서 얼린다. 시간이 흐른 후, 복숭아 얼음과자를 함께 맛보고 느낌을 표현한다.)

영아: 우와~ 차가워요.

소꿉놀이 그릇 씻기

그릇을 세제로 씻으며 도구의 사용방법을 알고 놀이로 표현하면서 창의성을 기를 수 있다.

월령 : 13~18개월 | 영역 : 창의 | 준비물 : 소꿉놀이 도구, 세제, 수세미, 행주

💡 세제를 먹지 않도록 주의시키고 거품을 조금만 낸다.

교사: 밥을 다 먹었으니까 그릇을 깨끗이 씻어 놓자.

영아: (세제와 수세미로 그릇을 닦는다.)

교사: 그릇이 깨끗해졌네.

영아: (그릇을 행주로 닦아 물기를 제거한다).

'수박 노래' 부르기

수박을 실제로 탐색해 보며 특징을 알아보고, '수박 노래'를 듣고 따라 부르면서 수박의 특성을 언어로 자유롭게 표현하는 능력을 기를 수 있는 활동이다.

월령 : 13~18개월 | 영역 : 탐색/언어 | 준비물 : 수박, 칼, 코팅 제작된 수박, '수박 노래' 카세트테이프

💡 코팅된 수박의 모서리가 날카롭지 않도록 둥글려 제작한다.

교사: (수박 겉면, 반을 잘랐을 때를 탐색한다. 수박을 통통 쳐 본다.) 잘 익었나?

(칼로 반을 쪼개어 속을 탐색한다. 몇 번을 더 쪼개서 영아들과 들고 먹어 본다. 맛을 이야기 나눈다.) 와~ 맛있다,

('수박 노래'를 들려 주면서 코팅 제작된 수박을 가지고 활동을 한다.) 우리 '수박 노래' 불러 보자,

영아: (노래에 맞춰 수박을 통통 쳐 보고 반을 자른 후 먹는 시늉을 한다.)

수박화채 만들기

수박을 탐색하고 다양한 재료를 이용하여 수박화채를 만들면서 재료의 사용 방법과 재료가 변화되는 과정을 살펴보는 활동이다.

월령 : 13~18개월 | 영역 : 창의 | 준비물 : 수박, 빵칼, 도마, 우유, 국자, 국그릇, 볼, 숟가락, 후르츠칵테일

교사: ('수박 노래'를 부르며 수박을 탐색하고 잘라 보고 속을 관찰한다. 영아들이 자르기 쉽도록 수박을 길게 잘라 준다.)

영아: (도마 위에 놓고 빵칼로 수박을 자른다.) (자른 수박과 나머지 재료를 넣고 화채를 만들어서 맛을 본다.)

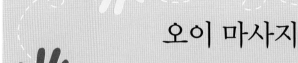

오이 마사지

오이를 탐색해 보고 맛을 보면서 오이의 특징을 알아본 후 오이를 직접 잘라서 얼굴에 붙이며 마사지를 하는 활동으로 얼굴에 느껴지는 오이의 촉감을 느껴 볼 수 있다.

월령 : 13~18개월 | 영역 : 창의 | 준비물 : 오이, 도마, 빵칼

👐 얼굴에 올렸던 오이를 먹지 않도록 주의시킨다.

교사: 우리 오이로 마사지를 해 보자,
(영아들이 직접 오이를 자를 수 있도록 도와준다.)

영아: 오이를 잘랐어요.

교사: 잘 잘랐구나! 그럼 이제 얼굴에 붙여서 마사지를 해 볼까?
(영아를 무릎에 눕히고 영아의 얼굴 위에 오이를 얹으며) 어때? 시원하니?

영아: 네,

두꺼비 집 만들기

'두꺼비 집' 노래를 부르면서 모래로 두꺼비 집을 표현하며 모래의 느낌을 감각적으로 경험할 수 있다.

월령 : 13~18개월 | 영역 : 언어/창의 | 준비물 : 젖은 모래

💡 모래를 먹지 않도록 주의시킨다.

교사: 모래로 집을 만들어 볼까?
　　　(손을 넣고 모래를 덮는다.)
　　　('두꺼비 집' 노래를 부른다.)
　　　(손을 뺀 후 구멍을 살펴본다.)

영아: (구멍에 손을 넣는다. 무너뜨린다.)

교사: 선생님이랑 두꺼비 집 함께 만들어 보자.

영아: 두껍아, 두껍아! 헌집 줄게 새집 다오.

빗소리 듣기

비 오는 날의 특징을 눈으로 보고 직접 경험해 보면서 감각적으로 비를 느낄 수 있는 활동이다. 비 웅덩이에서 물장구치기 등은 영아들이 좋아하는 활동으로 빗소리 들어 보기, 우산 쓰고 걸어가기, 비옷, 장화 신고 걷기, 물웅덩이 속 물장구치기, 물웅덩이에 나뭇잎 띄우기 등의 활동으로 전개해 나갈 수 있다.

월령 : 13~18개월 | 영역 : 탐색 | 준비물 : 우산, 장화, 비옷

💡 우산은 끝이 날카롭지 않은 것으로 준비한다.

교사: 밖에 비가 오네, 비에 맞지 않게 비옷을 입고 나가 보자.
　　　빗소리를 들어 보자! 비가 어떻게 내리니? 손으로 비를 만져 보자.

영아: (비를 만진다.)
　　　(물웅덩이를 만져 보고 물장구를 친다.)
　　　(우산을 쓰고 걸어 다닌다.)

1세 영아를 위한
엄마 · 아빠 놀이 활동
(12~18개월)

엄마 얼굴 퍼즐 맞추기 ✽ 엄마 · 아빠 얼굴에 스티커 붙이기 ✽ 친구 얼굴 퍼즐 맞추기 ✽ 엄마 · 아빠 목소리 듣기 ✽ 맛있는 음식 차리기 ✽ 아기 재우기 ✽ 점토로 친구 얼굴 꾸미기 ✽ 친구와 병원 놀이하기 ✽ 친구와 미용실 놀이하기 ✽ 엄마 · 아빠 물건 탐색하기

99

103

104

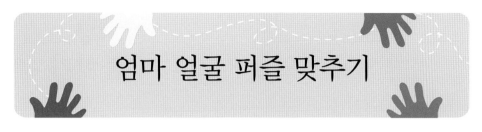

엄마 얼굴 퍼즐 맞추기

엄마의 얼굴 퍼즐 조각을 찾아 1:1 대응시킬 수 있으며, 소근육을 발달시킬 수 있는 활동으로 영아들이 자신과 친구들의 엄마의 얼굴을 인지하고 찾아 봄으로써 사회/정서 발달도 함께 이뤄지는 활동이다.

월령 : 13~18개월 | 영역 : 소근육 활동 | 준비물 : 엄마 얼굴 대형 퍼즐판

💡 코팅 퍼즐 모서리가 날카롭지 않도록 제작한다.

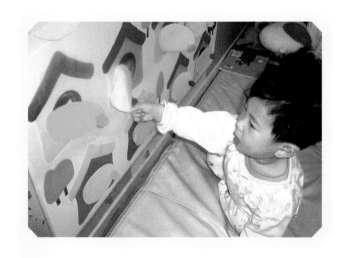

교사: 이 사진은 누구 엄마일까?

영아: ○○!(○○를 가리킨다.)

교사: 그래, ○○ 엄마구나,
　　　○○ 엄마를 찾아서 붙여 볼까?

영아: (○○ 엄마의 얼굴 퍼즐 조각을 들고 퍼즐판에서
　　　○○ 엄마를 찾아 붙인다.)

엄마 · 아빠 얼굴에 스티커 붙이기

엄마 · 아빠 얼굴이 그려진 비닐종이 위에 다양한 모양의 스티커를 떼고 붙이면서 눈과 소근육의 발달을 이룰 수 있으며, 다양한 스티커를 떼었다가 붙이면서 엄마 · 아빠를 꾸며 보는 활동이다.

월령 : 13~18개월 | 영역 : 소근육 활동 | 준비물 : 엄마 · 아빠 얼굴이 그려진 필름지, 다양한 모양의 스티커
💡 작은 스티커는 영아들이 다루기 어려우므로 적당한 크기의 스티커를 준비한다.

교사: 이 그림은 무슨 그림일까?

영아: 엄마, 아빠!

교사: 우리 엄마, 아빠를 스티커로 꾸며 보는 건 어떨까?

영아: (스티커를 떼어서 코팅지를 꾸민다.)

친구 얼굴 퍼즐 맞추기

친구의 반쪽 얼굴 그림을 보고 나머지 반쪽을 찾아 보는 활동으로 부분을 가지고 전체
를 연상하는 인지적 발달도 함께 도와주는 활동으로 영아들이 친구과 자신의 얼굴을
맞혀 보며 이름을 이야기 하면서 사회성을 기를 수 있다.

월령 : 13~18개월 | 영역 : 소근육 활동 | 준비물 : 친구 얼굴 퍼즐

💡 코팅 퍼즐의 모서리가 날카롭지 않도록 둥글려 제작한다.

교사: (반쪽 퍼즐을 보여 주면서)
　　　이 친구는 누구지?

영아: ○○!(○○를 가리킨다.)

교사: 그래, ○○구나! ○○가 반쪽 밖에
　　　없네, 또 ○○를 찾아 보자!

영아: (○○를 찾아서 반쪽을 맞춘다.)

엄마 · 아빠 목소리 듣기

엄마 · 아빠 목소리를 들으면서 엄마 · 아빠 목소리를 구분할 수 있으며, 다른 친구들의 엄마 · 아빠 목소리와 차이를 느껴 보고, 이야기를 듣고 적절하게 대답과 행동을 하며 듣기와 말하기의 능력을 기를 수 있다.

월령 : 13~18개월 | 영역 : 언어 | 준비물 : 엄마 · 아빠 목소리 녹음테이프, 카세트, 엄마 · 아빠 사진

💡 영아들이 자신의 엄마 · 아빠 목소리 녹음테이프를 구분하도록 테이프에 아이들 얼굴 사진을 붙여 준다.

교사: 누구 엄마, 아빠 목소리가 나오는지 들어 보자,

영아: ○○!(○○를 가리키거나, ○○ 엄마 · 아빠 사진을 가리킨다.)

교사: 그래, ○○ 엄마, 아빠 목소리구나!

영아: (○○ 엄마 · 아빠의 목소리를 경청한다. 내용을 듣고 대답을 한다. 노래를 따라 부른다.)

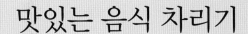

맛있는 음식 차리기

주방 도구와 음식 모형을 이용하여 음식을 차리는 활동으로, 음식의 명칭과 도구 사용법을 놀이를 통해서 알아 보고, 친구들과 함께 음식을 차리고 먹으며 사회성도 기를 수 있다.

월령 : 13~18개월 | 영역 : 창의 | 준비물 : 음식 모형, 주방 도구, 앞치마, 식탁, 주방 놀이 세트, 식탁

💡 위험한 도구는 제시하지 않는다.

교사: 음식을 차리고 있구나! 배가 고파요,
　　　피자를 만들어 주실 수 있나요?

영아: 네! (피자를 만들어서 접시에 담아 준다.)
　　　여기, 피자요!

교사: 손으로 먹으면 손에 묻는데 포크는 없나요?

영아: (포크를 찾아서 준다.) 포크!

교사: 피자가 너무 고소해요! 요리를 참 잘 하네요.

아기 재우기

아기를 재우고 우유를 먹이는 놀이를 통해서 영아들은 자신들이 눈으로 보고 경험한 것을 모방하거나 재연하는 능력을 기를 수 있으며 친구들과 함께 놀이를 통해서 사회성과 창의성을 기를 수 있다.

월령 : 13~18개월 | 영역 : 창의 | 준비물 : 아기인형, 우유병, 이불, 침대, 유모차 등

우유병 젖꼭지는 영아들이 입에 넣을 수 있으므로 제거한다.

교사: 아기가 자요?

영아: 쉿! (아기를 토닥여 주면서 조용히 하라고 한다.)

교사: (작은 목소리로) 아기가 추워하면 이불을 덮어 주세요.

영아: (이불을 덮어 주고 토닥여 준다.) 자장자장 ~

점토로 친구 얼굴 꾸미기

친구의 얼굴을 탐색한 후 다양한 재료를 이용하여 친구의 얼굴을 꾸미면서 창의성을 기를 수 있고 재료를 사용하는 방법과 특징을 알 수 있다.

월령 : 13~18개월 | 영역 : 창의 | 준비물 : 점토, 인형 눈, 모루, 수수깡, 스팽글

💡 점토를 입에 넣지 않도록 주의시킨다.

교사: (친구 사진을 보여 주며) 누구지?

영아: ○○!

교사: 그래, ○○구나, ○○ 얼굴에 눈, 코, 입은 어디 있지?

영아: (눈, 코, 입을 가리킨다.)
(얼굴의 특징을 함께 이야기 나눈다.)
(다양한 재료를 제시해 주고 점토에 꽂아 보면서 친구 얼굴을 꾸며 본다.)

친구와 병원 놀이하기

친구와 함께 병원 놀이를 하면서 병원 놀이 때 필요한 장난감을 알 수 있으며, 환자와 의사의 역할을 알고 상황에 맞는 행동을 하면서 병원 놀이를 즐거움을 느끼고 사회성을 기를 수 있는 활동이다.

월령 : 13~18개월 | 영역 : 창의 | 준비물 : 병원 놀이 도구, 매트

교사: 의사선생님! 우리 아기가 배가 아파서 왔어요,

영아: (청진기를 배에 대고 진찰한다.)

교사: 많이 아픈가요? 주사를 맞아요?

영아: (엉덩이에 주사를 맞힌다.)

교사: 약도 주세요,

영아: (약통을 준다.)

교사: 감사합니다,

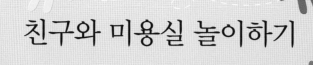

친구와 미용실 놀이하기

미용실에서 하는 역할을 직접 눈으로 보고 경험한 것을 모방하거나 지연 모방하면서 놀이를 확장시켜 나갈 수 있으며 도구의 역할과 특징을 알고 친구들과 함께 놀이를 하면서 사회성과 창의성을 발달시킬 수 있다.

월령 : 13~18개월 ┃ 영역 : 창의 ┃ 준비물 : 각종 미용 도구

💡 가위는 날이 없는 것으로 준비한다. 직접 미용실에서 하는 역할을 볼 수 있도록 아이들과 함께 미용실을 다녀오면서 활동을 전개해 나가는 것이 필요하다.

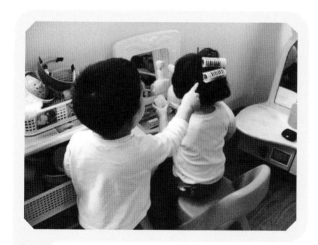

교사: 머리가 많이 자랐어요. 짧게 잘라 주세요!

영아: (가운을 입혀 준다. 가위로 머리를 자른다.)

교사: 머리카락이 많이 붙었어요! 스펀지로 털어 주세요.

영아: (스펀지로 털어 준다.)

교사: (지갑에서 돈을 꺼낸다.) 얼마예요?

　　　머리가 너무 마음에 들어요. 또 올게요!

엄마 · 아빠 물건 탐색하기

엄마 · 아빠 물건을 착용하고 걸어 다니면서 엄마 · 아빠 흉내내기를 좋아하는 영아들이 흥미를 느낄 수 있는 활동으로 엄마 · 아빠의 물건들을 탐색해 보면서 물건의 특징과 사용방법을 눈으로 보고 경험한 것을 통해 재연하면서 즐거움을 느낀다.

월령 : 13~18개월 | 영역 : 탐색 | 준비물 : 엄마 · 아빠 물건(가방, 구두, 옷, 넥타이, 시계, 화장품, 핸드폰, 지갑, 모자 등)

💡 준비물 중에 날카로운 것이 없는지 살펴본다.

교사: 어디 가는 거예요?

영아: (구두와 핸드백 모자를 쓰고 걸어간다). 안녕!

교사: 안녕! 회사가는거예요? 다녀오세요,

영아: (가방에서 핸드폰을 꺼내 전화를 하는 시늉을 한다.)
　　　여보세요! 네네…

1세 영아를 위한
자동차 놀이 활동
(12~18개월)

달리는 경찰차 ✻ 한 줄 기차놀이 ✻ 교통수단 탐색하기 ✻ 교통수단 찾기 ✻ 자전거 타기 ✻ '주유소에 다녀와요' ✻ 자동차 주유하기 ✻ 자동차 부속품 관찰하기 ✻ '내 몸이 자동차예요' ✻ '건너가는 길' 노래 부르기

113

110

118

달리는 경찰차

경찰차를 실제로 타 보면서 일반 자동차와 경찰차의 같은 점과 다른 점을 찾아 보며 탐색 능력 향상에 도움이 되는 활동이다. 사이렌 소리, 무전기 소리 등을 들으면서 청각 발달 향상에 도움이 되고 경찰차를 타고 경찰 아저씨와 이야기를 나누어 보면서 언어 발달이 이루어질 수 있다.

월령 : 13~18개월 | 영역 : 탐색 | 준비물 : 각종 주방 도구

👆 자동차를 타고 내릴 때 안전에 주의한다.

교사: 이 아저씨가 가지고 계신 것이 무엇인지 아니? (무전기를 보여 준다.)

영아: 무전기!

교사: 무전기에서는 어떤 소리가 날까?

영아: 아저씨 소리가 나요.

한 줄 기차놀이

친구들의 허리와 어깨에 손을 올리고 한 줄 기차를 만들어 보며 손과 발의 협응력을 높이고, 신체 조절 기능에 도움이 되는 활동이다. 한 줄 기차를 만들고 "칙칙폭폭" 기차 소리도 내 보면서 언어 발달 및 기차의 특징을 인지하는 데에도 도움이 될 수 있고, 한 줄 기차를 만들기 위해 친구의 앞, 또는 뒤에 있어야 한다는 규칙을 알고 지킬 수 있으며 속도를 맞추어야 한다는 것을 인지하여 이행하면서 사회성을 발달시킬 수 있다. 또한 선생님과 친구의 몸에 접촉하면서 친밀감 및 신뢰감 향상에 도움을 줄 수 있다.

월령 : 13~18개월 | 영역 : 대/소근육 활동

💡 한 줄 기차를 만들고 이동하면서 넘어지지 않도록 주의한다.

교사: 칙칙폭폭, 한 줄 기차를 만들어 보자.
○○ 뒤에 누가 설까?

영아: 저요!

교사: 그래, 한 줄 기차가 완성 됐네, 출발할까?
하나, 둘, 하나, 둘…

영아: 하나, 둘…

교통수단 탐색하기

주변 교통수단을 탐색하며 여러 교통수단의 종류를 인지할 수 있고, 그 모양을 관찰해 보면서 관찰력과 인지 발달에 도움이 되는 활동이다. 교통수단의 색이나, 이름을 이야기하며 언어를 발달시킨다.

월령 : 13~18개월 │ 영역 : 탐색

💡 관찰 시 안전에 유의한다.

교사: 얘들아! 저기 청소차가 있구나.

영아: 청소차다!

교사: 청소차의 색은 무슨 색일까?

영아: 노랑색이요.

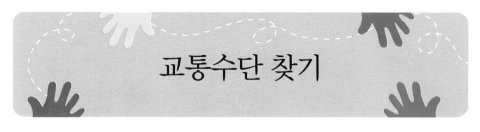

교통수단 찾기

잡지에서 교통수단을 찾아 붙여 보는 활동을 통해 교통수단의 모양과 종류를 구분하고, 특징을 정확하게 인지할 수 있다. 잡지에서 오린 교통수단을 붙여 보면서 소근육 발달에 도움이 될 수 있는 활동이다.

월령 : 13~18개월 | 영역 : 탐색 | 준비물 : 잡지, 풀, 종이, 가위(선생님용)

💡 가위질을 할 때 유아의 손이 닿지 않도록 주의한다.

교사: 잡지에서 자동차를 찾아 볼까?

영아: 빠방이!

교사: 아, ○○가 자동차를 찾았구나,
　　　선생님이 오려 줄게, 종이에 붙여 보렴,

영아: (풀을 사용하여 종이에 붙여 본다.)

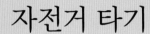

자전거 타기

자전거는 영아가 자신의 능력을 시험해 보고 증명해 보일 수 있는 좋은 활동으로, 자전거를 직접 타 보며 손과 발의 협응력을 돕고, 대근육 발달을 향상시킬 수 있다. 자전거를 출발하거나 멈추어 보면서 신체 조절 능력 향상도 가져올 수 있으며, 저전거를 신나게 타면서 아이들의 긴장감 해소에도 도움이 된다.

월령 : 13~18개월 | 영역 : 대/소근육 활동 | 준비물 : 자전거

💡 자전거를 타면서 발생할 수 있는 안전사고에 주의한다.

교사: ○○야! 자전거가 있구나,

영아: 우와!

교사: 한번 타 볼까?
　　　발을 페달 위에 올려 놓고 굴려 보렴,

영아: (페달을 굴려 본다.)

'주유소에 다녀와요'

주유소에 직접 가서 주유소에서 하는 일을 알아보고 직접 자동차에 주유하고 세차하는 것을 보면서 관찰력을 키우고, 주유소에 다녀온 뒤 보육실에 있는 장난감 자동차에 주유해 보거나, 수세미와 걸레를 사용하여 세차해 보는 등 역할 놀이와 연계되는 활동으로 사회성 발달에 도움을 준다.

월령 : 13~18개월 | 영역 : 탐색

💡 주유소에서 아이들의 안전에 주의해야 한다.

교사: 아저씨가 자동차에 무엇을 넣어 주시는 걸까?

영아: 기름!

교사: 맞아, 그런데 자동차 어디에 기름을 넣어 주실까?

영아: (자동차 기름 넣는 것을 가리키며) 여기에요.

자동차 주유하기

주유소 견학 후속 활동으로 실행해 볼 수 있다. 장난감 자동차에 모형 주유기를 대고 직접 주유해 보거나 걸레와 세제를 들고 세차를 하는 활동을 통해 창의력 향상과 사회성 발달에 도움을 준다.

월령 : 13~18개월 | 영역 : 창의 | 준비물 : 모형 주유기, 세차용 도구들

교사: ○○야, 자동차에 기름 넣어 줄래?

영아: 네!

교사: 여기 계산할 돈입니다, 고마워요.

영아: 네! 안녕히 가세요.

자동차 부속품 관찰하기

영아들이 좋아하는 자동차의 실제 핸들, 타이어, 와이퍼, 미러 등 자동차 부속품을 관찰해 보면서 자동차에 흥미를 갖고, 부속품의 모양을 탐색하며 관찰력을 기른다. 부속품의 색이나 모양을 언어로 이야기하고 손으로 만져 봄으로써 언어 및 감각 발달도 이루어질 수 있다.

월령 : 13~18개월 | 영역 : 탐색 | 준비물 : 자동차 부속품들

💡 영아가 부속품을 입에 넣지 않도록 주의해야 한다.

교사: 동그랗게 생긴 이것은 핸들이라고 해!
　　　자동차를 움직일 때 쓴단다.

영아: 핸들?

교사: 한번 돌려 볼까?

영아: (핸들을 돌려 본다.) 부웅~

'내 몸이 자동차예요'

스스로 자동차가 되어 보는 경험을 통해 자동차의 특징을 인지하여 몸으로 표현해 보면서 창의력 발달 향상에 도움을 주는 활동이다. 속도를 내거나 줄이면서 신체 조절 능력 향상을 기대할 수 있고, "빠방", "부릉부릉" 등 자동차 소리를 내 보며 언어 발달에 도움을 준다.

월령 : 13~18개월 | 영역 : 창의 | 준비물 : 장난감 자동차

교사: 우리 자동차가 되어 볼까?

영아: 부릉부릉~

교사: ○○는 부릉부릉 달려 보는구나!

영아: 삐뽀삐뽀~

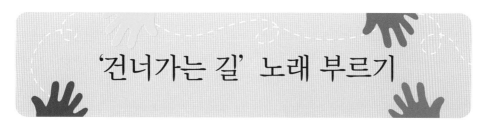

'건너가는 길' 노래 부르기

'건너가는 길' 노래를 불러 보면서 '길'에 대한 개념을 알고 교통안전에 관련된 개념을 쉽게 익힐 수 있고, 노래를 반복적으로 부르면서 신호등의 모양과 색에 관심을 가질수 있는 활동이다.

월령 : 13~18개월 │ 영역 : 언어

교사: 우리 '건너가는 길' 노래 불러 볼까?

영아: (교사를 따라 불러 본다.)

교사: 우리 신나게 노래 불러 봤는데, 얘들아! 빨강불일 때 건
　　　 너가면 될까, 안 될까?

영아: 안 돼요.

1세 영아를 위한
색깔 놀이 활동
(12~18개월)

《파란 풍선》책 보기 ✱ 자연의 색 찾아보기 ✱ 색물 마라카스 흔들기 ✱ 색깔 뿅뿅이 마라카스 만들기 ✱ 색깔의 날 ✱ 색깔 모루 시트지에 붙이기 ✱ 과일 꼬치 만들기 ✱ 알록달록 피자빵 만들기 ✱ 색 풍선 놀이 ✱ 색깔 그림자놀이

122

125

128

《파란 풍선》책 보기

《파란 풍선》책을 보며 책에 관심을 가질 수 있고, 책 내용을 '파랑', '풍선' 등의 언어로 표현하는 활동을 통해 언어 발달에 도움을 줄 수 있다. 책을 보고 나서 실제로 파란색 풍선을 가지고 던지거나 날려 보는 활동을 하며 색을 정확하게 인지할 수 있고, 대·소근육 발달에 도움이 될 수 있다.

월령 : 13~18개월 | 영역 : 언어 | 준비물 : 《파란 풍선》책, 파란색 풍선

💡 활동 시 풍선이 터질 수 있으므로 놀라지 않도록 주의한다.

교사 : 책에는 무슨 색 풍선이 나왔니?

영아 : 파란색이요.

교사 : 그래, 우리 파란색 풍선을 가지고 날려 볼까?

영아 : (풍선을 만지며 탐색한다.)

자연의 색 찾아보기

산책하며 자연의 색을 탐색하는 활동으로 노란 은행잎, 빨간 단풍잎, 초록 잎의 소나무, 분홍 꽃 등 다양한 자연의 색을 찾아 보고, 노랑, 빨강, 초록 등을 언어로 이야기해 보며 언어 발달을 기대할 수 있다.

월령 : 13~18개월 | 영역 : 언어 | 준비물 : 여러 가지 나뭇잎

교사: 얘들아, 나뭇잎이 무슨 색이니?

영아: 노란색이요.

교사: 그래, 노란 은행잎이 많이 있구나.
　　　우리 노란색 나뭇잎을 뿌려 볼까?

영아: (나뭇잎을 뿌려 본다.)

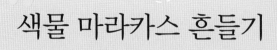

색물 마라카스 흔들기

다양한 색의 색물이 들어있는 마라카스를 흔들어 보며 색을 탐색해 보고, 색의 이름을 언어로 표현해 보면서 언어 발달을 기대할 수 있는 활동으로, 마라카스를 흔들고 마라카스 속의 색물이 흔들리는 모습을 보며 시각, 청각 발달에 도움을 얻는다.

월령 : 13~18개월 | 영역 : 대/소근육 활동 | 준비물 : 색물 마라카스

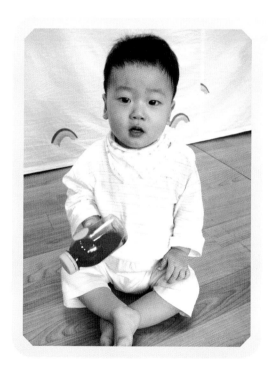

교사: ○○는 무슨 색 마라카스를 흔들
　　　 어 볼 거니?

영아: 파란색이요,

교사: 파란색 마라카스를 흔들어 볼까?
　　　 무슨 소리가 나니?

영아: (마라카스를 흔들어 본다.)

색깔 뽕뽕이 마라카스 만들기

다양한 크기와 색의 뽕뽕이를 탐색하며 언어로 표현해 볼 수 있고, 색깔대로 분류하는 활동을 통해 물체의 분류 능력을 발달시킬 수 있는 활동이다. 페트병 안에 뽕뽕이와 방울을 넣어서 마라카스를 만들어 보면서 창의력 발달 및 소근육 발달을 기대할 수 있고, 완성된 마라카스를 흔들며 긴장감 해소를 할 수 있는 시간이 된다.

월령 : 13~18개월 | 영역 : 창의 | 준비물 : **뽕뽕이**, 작은 크기의 페트병, 방울, 끈, 부직포

교사: 우리 초록색 뽕뽕이를 찾아 볼까?

영아: (초록색을 찾아 본다.)

교사: 와~ ○○가 초록색 뽕뽕이를 찾았구나!
　　　페트병에 넣어 보렴.

영아: (손가락을 이용하여 넣어 본다.)

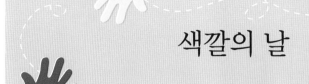

색깔의 날

일주일 중 어느 한 요일을 정해 색깔의 날을 정해 모두 정해진 색깔의 복장을 입고 오도록 하는 활동이다. 친구의 옷과 자신의 옷 색깔을 탐색하면서 사회성 증진 및 친밀감을 향상시킬 수 있는 활동으로 빨간 머리끈과 빨간색 양말 등 같은 색의 사물을 1:1 대응시켜 보면서 언어 발달과 인지 발달에 도움을 얻을 수 있다.

월령 : 13~18개월 | 영역 : 탐색

교사: ○○는 무슨 색 옷을 입고 있니?

영아: 빨간색이요,

교사: 그럼 교실 안에서 빨간색을 찾아
　　　볼까?

영아: (친구 옷을 가리킨다.)

색깔 모루 시트지에 붙이기

색깔 모루와 시트지를 탐색하고 색의 이름을 말하며 언어 발달을 가져올 수 있고, 모루의 느낌이나 시트지의 느낌을 이야기해 보면서 표현력 향상도 기대할 수 있는 활동이다. 모루를 사용해 모양을 만들어 보면서 창의력 발달에 도움이 되고, 모루를 시트지에 붙이고, 자신이 만든 것과 친구들이 만든 것의 같은 점과 다른 점을 찾아 보며 관찰력도 발달시킬 수 있다.

월령 : 13~18개월 | 영역 : 창의 | 준비물 : 색깔 모루, 투명 시트지

교사: ○○는 무슨 색 모루를 가지고 있니?

영아: 빨간색이요,

교사: ○○는 빨간색 모루로 무슨 모양을 만들어 볼 거니?

영아: 동그라미요,

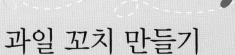

과일 꼬치 만들기

감, 멜론, 토마토 등 겉과 속의 색이 같은 과일을 탐색하며 색의 이름을 말해 보고 과일의 특징을 찾아 보는 등 다양한 과일을 경험해 보는 활동이다. 꼬치에 과일을 끼우며 소근육 발달과 창의력 발달에 도움을 얻고, 성취감을 경험해 볼 수 있다.

월령 : 13~18개월 | 영역 : 창의 | 준비물 : 다양한 색의 과일, 꼬치 등

💡 꼬치에 과일을 끼울 때 너무 딱딱한 과일은 사용하지 않는다.

교사: ○○는 꼬치에 무슨 과일을 꽂을 거니?

영아: 멜론이요,

교사: ○○는 초록색 멜론을 꽂고 싶구나,

영아: 초록색 멜론,

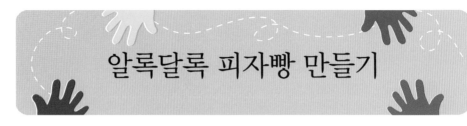

알록달록 피자빵 만들기

노랑, 초록, 주황색의 파프리카를 탐색하고 색의 이름을 언어로 이야기해 볼 수 있고, 파프리카를 직접 빵칼로 잘라 보며 소근육 발달 및 집중력 향상에 도움이 되는 활동이다. 식빵 위에 재료를 얹고 오븐에 넣으며 음식이 익기 전과 익은 후의 원인 및 결과를 인지할 수 있고, 자신이 만든 것을 먹으며 성취감을 느낄 수 있다.

월령 : 13~18개월 | 영역 : 창의 | 준비물 : 파프리카(노랑, 초록, 주황), 햄, 케첩, 식빵, 주방 도구 등

💡 오븐의 열기에 의한 화상에 주의한다.

교사: ○○야, 식빵 위에 무슨 색 파프리카를 올려 볼 거니?

영아: 노란색이요.

교사: 그럼, 노란색 파프리카 위에 빨간색 케첩을 뿌려 볼까?

영아: (케첩을 뿌린다.)

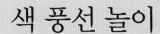

색 풍선 놀이

다양한 색 풍선을 발로 차거나 손으로 쳐 보면서 고른 신체 발달을 가져올 수 있고, 풍선에 달려있는 리본을 손으로 잡아 보며 소근육 발달에 도움이 되는 활동이다. 다양한 색 풍선을 통해 색에 관심을 가질 수 있고, 같은 색과 다른 색을 구별해 보는 활동으로, 무슨 색인지 이야기해 보면서 언어 발달 향상에 도움이 될 수 있다. 또한, 풍선을 만져 보며 감각 발달도 함께 이루어질 수 있다.

월령 : 13~18개월 | 영역 : 대/소근육 활동 | 준비물 : 색 풍선, 리본끈

💡 활동 시 풍선이 터질 수 있으므로 영아들이 놀라지 않도록 주의시킨다.

교사: ○○는 무슨 색 풍선을 가지고 있니?

영아: 빨간색!

교사: ○○는 빨간색 풍선을 가지고 있구나, 발로 뻥 차 볼까?

영아: (발로 찬다.)

색깔 그림자놀이

빛을 통해 비춰지는 색을 탐색하고 다양하게 색을 표현하면서 색에 대한 흥미를 증진시키는 활동이다. 손전등을 들고 하얀 벽지 위에 비춰지는 색을 언어로 표현해 보며 언어 발달을 가져올 수 있고, 불을 끄고 손전등을 이용해 색을 탐색하는 색다른 경험을 통해 다양한 색에 관심을 가질 수 있다.

월령 : 13~18개월 | 영역 : 탐색 | 준비물 : 셀로판지, 손전등

💡 어두울 때 영아의 움직임에 유의한다.

교사: ○○야, 손전등에서 무슨 색이 나오니?

영아: 빨간색이요,

교사: 우와~ ○○ 손전등에서 빨간색 불빛이 나오는구나,

영아: (손전등을 비춘다.)

1세 영아를 위한
감각 놀이 활동
(19~24개월)

불빛 잡기 ✽ 음식 그림판 꿰어 보기 ✽ 음식 그림 까꿍 놀이 ✽ 촉감책 보며 이야기하기 ✽ 휘핑크림 바르기 ✽ 종이 상자에 그리기 ✽ 식빵 위에 얼굴 만들기 ✽ 과일 주스 분무기 뿌리기 ✽ 밀가루 탐색하기 ✽ 얼음 만지기 ✽ 과자 봉지 탐색하기

140

134

141

불빛 잡기

손전등을 이용하여 불빛을 만든 후 전등을 잡고 있는 손을 움직여 불빛의 방향을 바꾸기도 하고, 움직이는 불빛을 잡아 보면서 눈과 손의 협응력을 발달시킬 수 있다.

월령 : 19~24개월 | 영역 : 신체 | 준비물 : 손전등

교사 : 손전등으로 불빛을 만들어 보자,
　　　 불빛을 따라 움직여 볼까?
　　　 (손전등 불빛의 방향을 바꾸며)
　　　 엉금엉금 기어서 불빛을 손으로 잡
　　　 아 보자,
　　　 천정에 불빛이 있네, 어떻게 잡을 수
　　　 있을까?

음식 그림판 꿰어 보기

구멍이 뚫린 다양한 음식 그림판에 모루를 사용하여 구멍에 꿰어 보면서 눈과 손의 협응력이 발달하고 소근육이 발달된다.

월령 : 19~24개월 | 영역 : 신체 | 준비물 : 구멍 뚫린 음식 그림판, 모루

교사: 여기 여러 가지 음식 그림이 있네,
　　　무슨 음식일까?
　　　좋아하는 음식 그림판의 구멍에
　　　모루를 끼워 보자,

음식 그림 까꿍 놀이

음식 그림에 부직포를 덮어 까꿍 놀이를 할 수 있도록 판을 만든 후 부직포 속에 숨겨진 음식들의 사진을 보고 이름을 말해 보면서 언어를 발달시킬 수 있다.

월령 : 19~24개월 | 영역 : 언어 | 준비물 : 음식 그림, 까꿍 놀이판

교사: 안에 무엇이 들어있을까?

　　　○○가 열어 볼까?

　　　까꿍! 사과가 들어있네.

　　　(손으로 집어 먹는 시늉을 내면서)

　　　냠냠, 무슨 맛일까?

　　　이번엔 어떤 문을 열어 볼까?

촉감책 보며 이야기하기

촉감책을 함께 보면서 직접 만져 보고 다양한 느낌을 경험하고 언어로 표현해 보는 활동이다.

월령 : 19~24개월 | 영역 : 언어 | 준비물 : 촉감책

교사: 선생님과 함께 촉감책을 보자,
      부스럭 소리가 나네, 만져 볼까?
      어떤 느낌이 나니?
      여기 토끼 귀에는 복슬복슬 털이
      있네,
      정말 부드럽구나,

휘핑크림 바르기

휘핑크림을 손으로 만져 보고 느껴 보면서 휘핑크림의 특징을 인지할 수 있고, 숟가락으로 식빵 위에 휘핑크림을 얹어 먹고 맛을 느껴 보며 즐거움을 느낀다.

월령 : 19~24개월 | 영역 : 창의 | 준비물 : 식빵, 숟가락, 휘핑크림, 접시

교사: 자, 여기 휘핑크림이 있어요,
손으로 만져 볼까? 미끌미끌~
냄새도 맡아 볼까?
손가락으로 찍어서 맛을 보자,
와~ 정말 달콤하구나,
숟가락으로 빵에 크림을 발라
보자,

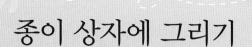

종이 상자에 그리기

커다란 종이 상자를 아이들 스스로 탐색해 보고 손바닥에 물감을 묻혀 상자 위에 자유롭게 표현하는 활동으로 영아들이 다양한 색에 대한 감각을 기를 수 있다.

월령 : 19~24개월 | 영역 : 창의 | 준비물 : 종이 상자, 전지, 물감

교사: 커다란 상자에 그림을 그려 보자.

(손에 물감을 묻혀 상자에 찍는다.)

○○가 손바닥을 찍어 보았구나. 다른 면에도 그려 볼까?

(4면을 모두 이용해 그려 보도록 한다.)

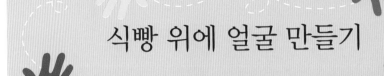

식빵 위에 얼굴 만들기

다양한 음식 재료를 탐색하고, 식빵 위에 재료를 놓아 얼굴 모양을 만들어 보면서 창의적으로 표현해 본다.

월령 : 19~24개월 | 영역 : 창의 | 준비물 : 식빵, 당근, 레몬, 김, 땅콩버터, 건포도

교사: 여러 가지 재료가 있어요,
      이건 ○○가 좋아하는 김이네,
      무슨 맛일까? 조금씩 먹어 볼까?
      우리 여기 있는 재료로 얼굴을 만들어 보자,
      눈도 붙이고, 당근으로 코도 만들어 볼까?

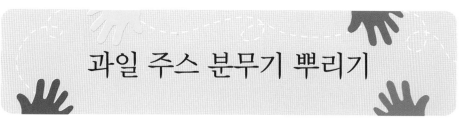

과일 주스 분무기 뿌리기

분무기 안에 다양한 과일 주스를 넣어 종이 위에 뿌리면서 냄새와 색깔을 탐색해 보고
어떤 주스인가를 인지해 볼 수 있다.

월령 : 19~24개월 | 영역 : 창의 | 준비물 : 투명 분무기, 다양한 과일 주스, 한지

교사: 분무기 안에 무엇이 들어 있을까?
　　　뿌려 보자,
　　　와~ 색깔이 변했네,
　　　냄새를 맡아 볼까? 무슨 냄새가
　　　나니?

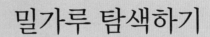

밀가루 탐색하기

밀가루를 이용하여 손으로 자유롭게 성질을 탐색하고, 물을 이용하여 밀가루의 변화를 관찰하는 활동으로 과학적인 관찰하기가 가능하다.

월령 : 19~24개월 | 영역 : 탐색 | 준비물 : 물놀이 대, 밀가루, 물

교사: 하얀 밀가루가 있어요,
　　　어떤 느낌인지 만져 보자,

영아: 부드러워요,

교사: 하얀 밀가루를 만지니까 손이
　　　하얗게 되었네,
　　　이번엔 물을 넣어 볼까?
　　　어떻게 변할까? 같이 주물러
　　　보자,

영아: 끈적끈적해졌어요,

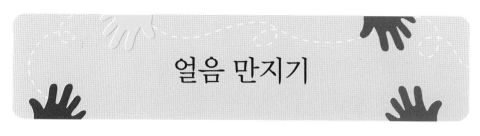

얼음 만지기

얼음을 손으로 만지며 느낌을 표현하고 손에 쥐고 있을 때 얼음의 변화를 인지해 본다.

월령 : 19~24개월 | 영역 : 탐색 | 준비물 : 사각 얼음

교사: 여기 얼음이 있어요, 만져 보자.
　　　얼음을 만지니까 차갑구나.

영아: 앗! 차가워.

교사: 얼음을 손에 쥐고 있으니까 손에 물이 생기네.
　　　이렇게 손으로 비벼 보자.

과자 봉지 탐색하기

주변에서 흔히 접할 수 있는 과자 봉지를 이용하여 손으로 비비고, 발로 밟으며 소리를 탐색해 봄으로써 영아의 감각능력을 길러 준다.

월령 : 19~24개월 | 영역 : 탐색 | 준비물 : 다양한 과자 봉지

💡 영아들이 봉지 안에 머리를 넣지 않도록 잘 관찰한다.

교사: 부스럭부스럭, 이게 뭘까?
　　　봉지를 눌러서 소리를 내 보자,
　　　손으로 비벼 보자,
　　　와! 더 큰 소리가 나는구나,
　　　발로 밟아 보자,
　　　어떤 소리가 들리니?

1세 영아를 위한
공놀이 활동
(19~24개월)

소리 나는 공 주고 받기※ 다리 사이로 공 넣기※ 다리 사이에 공 끼고 걷기※ 친구와 함께 공 끼고 걷기※ 탁구공 불기※ 숟가락으로 탁구공 옮기기※ 신문지로 공 만들기※ 점토로 공 만들기※ 구슬 그림 그리기※ 털실 그림 그리기

144

149

153

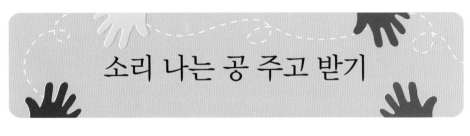

소리 나는 공 주고 받기

방울을 넣은 풍선을 흔들어 보며 소리를 탐색해 보고, 옆에 앉아 있는 친구에게 건네
주면서 눈과 손의 협응력이 발달할 수 있다.

월령 : 19~24개월 | 영역 : 신체 | 준비물 : 풍선, 방울

교사: 딸랑딸랑~ 공을 흔드니까 소리가 나네,
　　　흔들어 보자,
　　　친구에게 공을 건네 줘 볼까?
　　　옆 친구에게 공을 전해 주자,
　　　○○야, 누구에게 전해 줄래?

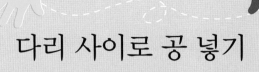

다리 사이로 공 넣기

다양한 크기의 공을 가지고 다리와 다리 사이에 넣어 보면서 공의 크기에 따라 다리 간격을 조절하며 대·소근육이 모두 발달할 수 있다.

월령 : 19~24개월 | 영역 : 신체 | 준비물 : 다양한 크기의 공

교사: 공을 다리 사이에 넣어 보자,
다리를 벌리고, 그 사이에
쏘옥~

다리 사이에 공 끼고 걷기

다리의 근육을 조절하여 공이 떨어지지 않도록 걸으며 대근육이 발달하는 활동이다.

월령 : 19~24개월 | 영역 : 신체 | 준비물 : 공

교사: 공을 다리로 잡아 보자,
　　　조심조심, 공이 빠지지 않게
　　　걸어 볼까?

친구와 함께 공 끼고 걷기

친구와 함께 공을 서로의 몸 사이에 넣고 걸으면서 협동심을 키울 수 있으며, 공이 떨어지지 않게 하기 위해 신체를 조절하는 능력이 발달한다.

월령 : 19~24개월 | 영역 : 신체 | 준비물 : 공

교사: 친구와 함께 공을 옮겨 볼까?
　　　배 사이에 끼고 걸어 보자.
　　　공이 떨어질 것 같아요.
　　　조심조심 같이 걸어요.

탁구공 불기

탁구공을 입으로 불어 움직여 보면서 바람에 의해 움직이는 탁구공을 인지하며, 방향 감각을 향상시킬 수 있는 활동이다.

월령 : 19~24개월 | 영역 : 신체 | 준비물 : 탁구공

💡 계속 불면 어지러울 수 있으므로 중간 중간 쉬도록 한다.

교사: 이게 뭘까? 통통 튀는 탁구공이네,
　　　 어떻게 움직여 볼까?
　　　 후후~ 바람을 불어 보자,
　　　 바람을 세게 불면 어떻게 될까?

숟가락으로 탁구공 옮기기

숟가락을 사용하여 탁구공을 달걀판으로 옮기면서 눈과 손의 협응력이 발달할 수 있는 활동으로 자기조절력을 길러 줄 수 있다.

월령 : 19~24개월 | 영역 : 신체 | 준비물 : 바구니, 탁구공, 달걀판, 숟가락

💡 탁구공을 밟고 미끄러지지 않도록 주의한다.

교사: 여기 탁구공이 있네, 통통 튕겨
　　　볼까?
　　　탁구공을 달걀판에 옮겨 보자,
　　　숟가락으로 옮겨 볼까?
　　　여기 달걀판에 쏙 집어넣어 보자,

신문지로 공 만들기

쉽게 접할 수 있는 신문지를 구겨서 공을 만들어 굴리면서 공이 굴러가는 모양을 탐색하는 활동으로 다양한 탐색이 가능하다.

월령 : 19~24개월 | 영역 : 탐색 | 준비물 : 신문지, 색테이프

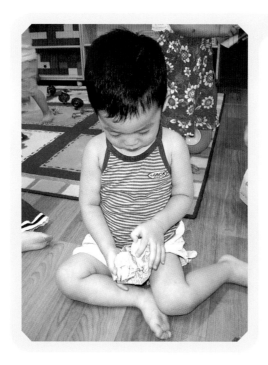

교사: 신문지가 있어요,
　　　신문지로 공을 만들어 볼까?
　　　어떻게 해야 공이 될까?
　　　이렇게 구겨 보자,
　　　동글동글 공이 되었네,
　　　데굴데굴 굴려 보자,

점토로 공 만들기

지점토의 특징을 인지하고, 공의 크기와 모양을 다양하게 표현해 볼 수 있으며, 물감 등 색을 첨가하여 다양한 색의 공을 만들어도 재미있는 활동이 된다.

월령 : 19~24개월 | 영역 : 창의 | 준비물 : 지점토, 점토판

교사 : 점토로 공을 만들어 보자,
　　　동글동글 굴려 볼까?
　　　데굴데굴 굴러가네,
　　　커다란 공을 만들어 보자,
　　　아주 작은 아기 공을 만들어
　　　보자,

구슬 그림 그리기

물감을 묻힌 구슬을 바구니 안에 넣고 다양한 방향으로 바구니를 움직이면서 창의적으로 구슬 그림을 그리는 활동으로 구슬이 바구니 밖으로 나가지 않도록 주의하여 그린다.

월령 : 19~24개월 | 영역 : 창의 | 준비물 : 구슬, 물감, 흰 도화지, 바구니

교사: 구슬에 물감을 묻혔어,
　　　구슬을 바구니에 담아서 굴려
　　　볼까?
　　　구슬이 데굴데굴 굴러가면서 그
　　　림이 그려지네,

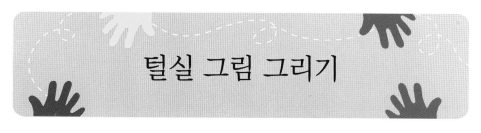

털실 그림 그리기

플레이하우스 위에서 물감을 묻힌 털실을 위에서 아래로 굴리며 다양한 무늬를 표현하는 활동이다.

월령 : 19~24개월 | 영역 : 창의 | 준비물 : 털실, 전지, 물감

교사: 여기 털실이 있네, 실을 풀러 볼까?
　　　데굴데굴 굴러가네,
　　　털실에 물감을 묻혀 볼까?
　　　종이 위에서 굴려 보자,
영아: 우와, 그림이 그려졌어요,

1세 영아를 위한
응가 놀이 활동
(19~24개월)

《응가 놀이》 그림책 보기 ✽ 대·소변 과정 사진 보기 ✽ 벽돌블록 변기에 앉기 ✽ 종이로 응가 만들기 ✽ 점토로 응가 만들기 ✽ 인형 화장실 데려다 주기 ✽ 인형 응가 시켜주기 ✽ 변기에 앉기 ✽ 변기에 앉아 그림책 보기 ✽ 팬티 입고 벗기

160

161

164

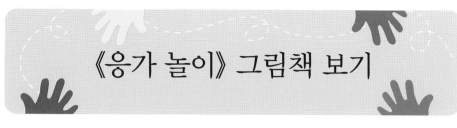

《응가 놀이》 그림책 보기

교사와 함께 《응가 놀이》 그림책을 보면서 배변과 관련된 단어들을 표현할 수 있는 기회를 제공하여 응가에 대한 두려움을 없앤다.

월령 : 19~24개월 | 영역 : 언어 | 준비물 : 《응가 놀이》 그림책

교사: 토끼가 응가를 하고 있구나,
　　　토끼 응가는 이렇게 생겼네,
　　　비둘기도 응가를 하고 있네,

대 · 소변 과정 사진 보기

대 · 소변에 관련된 사진을 보면서 이야기를 나누어 보면서 대 · 소변 과정을 인지하고 스스로 해 볼 수 있다.

월령 : 19~24개월 | 영역 : 언어 | 준비물 : 대 · 소변 과정 사진

교사: 어! 여기 나온 친구가 무얼 하고 있지?
　　　먼저 바지를 내리고 변기에 앉네,
　　　응가를 다 했나봐,
　　　휴지로 닦고, 손을 씻고 있네,

벽돌블록 변기에 앉기

익숙한 장난감인 블록을 가지고 변기를 만들면서 변기도 익숙한 곳이라는 느낌을 가질
수 있는 활동이다.

월령 : 19~24개월 | 영역 : 신체 | 준비물 : 벽돌블록

교사: 응가는 어디에서 해야 할까?
　　　우리가 블록으로 변기를 만들어
　　　볼까?
　　　너희들이 앉을 수 있도록 만들어
　　　보자!
　　　변기에 앉아서 응가 해 볼까?

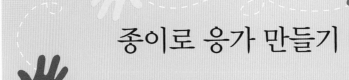

종이로 응가 만들기

다양한 재질의 종이를 구기면서 종이의 느낌을 느껴 보고, 응가를 친숙하고 재미있는
것으로 인식하게 한다.

월령 : 19~24개월 | 영역 : 창의 | 준비물 : 다양한 재질의 종이

교사 : 응가는 어떻게 생겼을까?
　　　종이를 구겨서 만들어 볼까?
　　　부비적부비적, 손으로 비벼서 구겨 보자.
　　　○○ 응가는 아주 기다랗게 생겼네!

점토로 응가 만들기

점토를 사용하여 자신의 응가를 만들면서 놀이를 통해 자연스럽게 배변을 하고 싶은
마음이 들 수 있도록 한다.

월령 : 19~24개월 | 영역 : 창의 | 준비물 : 찰흙 점토

교사: 점토로 응가를 만들어 보자,
　　　코끼리 똥은 아주 클 것 같아,
　　　토끼 똥은 어떻게 생겼을까?
　　　누구 똥을 만들어 볼까?

인형 화장실 데려다 주기

화장실에 가고 싶어 하는 인형을 끌차에 태워 화장실로 이동하는 가상 놀이를 즐기는
활동이다.

월령 : 19~24개월 | 영역 : 탐색 | 준비물 : 아기인형, 끌차

교사: 아기가 응가 마려워요!
    변기에 데려다 주세요.
    끌차에 태워서 화장실에 데려다 줄까?
    조심조심 끌어 주세요.

인형 응가 시켜주기

영아가 가상 놀이를 통해 화장실과 변기를 친숙하게 느끼고 배변 훈련을 준비할 수 있도록 하는 활동으로 아기인형을 배변시켜 주는 놀이를 통해 영아의 배변훈련을 연습할 수 있다.

월령 : 19~24개월 | 영역 : 탐색 | 준비물 : 아기인형

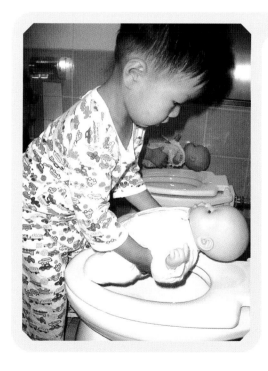

교사: 아기가 응가 마렵대,
　　　어떻게 해야 할까?
　　　응가 하는 것을 도와주자,
　　　아기가 응가할 수 있게 변기에
　　　앉혀 주자,
　　　자, 응가를 다 했대,
　　　휴지로 닦아 주고 물을 내려 보자,

변기에 앉기

유아용 변기에 자연스럽게 앉으면서 대근육을 발달시키고, 배변에 관심을 가질 수 있도록 한다.

월령 : 19~24개월 | 영역 : 신체 | 준비물 : 유아용 변기

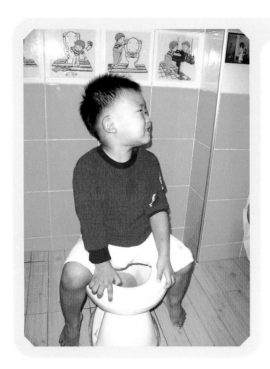

교사: 응가가 마려울 땐 어떻게 해야
할까?
변기에 가 볼까?
변기에 앉아 보자.
끙끙, 응가도 해 봐요.

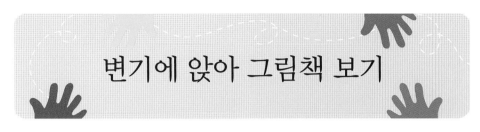

변기에 앉아 그림책 보기

배변 훈련을 위해서는 오랜 시간 변기에 앉아 있어야 하는데, 그 시간을 지루하지 않도록 변기 옆에 책꽂이를 마련하여 배변에 관련된 책을 보면서 배변에 대한 두려움을 잊고 화장실을 친숙한 공간으로 인식할 수 있도록 한다.

월령 : 19~24개월 | 영역 : 언어 | 준비물 : 유아용 변기, 헝겊 책꽂이, 그림책

교사: 변기에 앉아 볼까?
　　　변기에 앉아서 옆에 책꽂이에
　　　있는 책을 볼 수도 있어요.
　　　오랫동안 앉아서 책을 봐도
　　　되겠다.

팬티 입고 벗기

다양한 캐릭터가 있는 팬티에 관심을 갖고, 팬티를 벗고 변기에 앉으며 다시 입는 것에 흥미를 갖으며 배변 훈련이 이루어질 수 있도록 한다.

월령 : 19~24개월 | 영역 : 신체 | 준비물 : 캐릭터 팬티

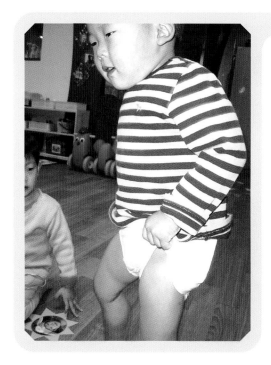

교사: ○○는 토끼 모양의 팬티가 있네,
　　　우리 △△의 팬티는 어떤 모양인
　　　지 살펴보자,
　　　팬티를 입어 보자,
　　　어떻게 입을까?

1세 영아를 위한
색깔 놀이 활동
(19~24개월)

색깔 융판 놀이 ✽ 초록색의 날 ✽ 셀로판지 탐색하기 ✽ 색종이 찢고 붙이기 ✽ 이젤에서 그림 그리기 ✽ 스펀지로 칠하기 ✽ 면봉으로 그리기 ✽ 창호지 물들이기 ✽ 스카프 놀이하기 ✽ 꽃술 체조

167

172

174

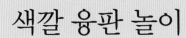

색깔 융판 놀이

색깔 융판에 같은 색종이를 붙이면서 같은 색과 다른 색을 인지할 수 있으며, 색깔에 붙여 볼 때마다 색깔 이름을 발음하면서 언어가 발달할 수 있다.

월령 : 19~24개월 | 영역 : 언어 | 준비물 : 색깔 융판, 색종이

교사: 이것은 무슨 색일까?
      같은 색 융판에 붙여 보자.
      노란색은 노란색 융판에 붙여 보자.

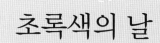

초록색의 날

친구들과 자신의 옷의 초록색을 찾아 보고 교실에 있는 초록색 또는 우리 주변에서 나타나는 초록색을 찾으며 초록색을 인지할 수 있다. 또한 다양한 형태의 초록색에 대한 관심을 가질 수 있다.

월령 : 19~24개월 | 영역 : 탐색 | 준비물 : 초록색 장난감, 초록색 옷

교사: 친구 옷이 무슨 색일까?
　　○○는 바지가 초록색이네!
　　교실 안에 있는 초록색을 찾아 보자.
　　초록색 장난감을 모아 볼까?

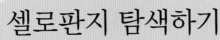

셀로판지 탐색하기

여러 가지 셀로판지를 이용하여 친구들 얼굴, 사물을 보면서 셀로판지의 색깔에 따라
보이는 색깔의 차이를 느끼고, 각기 다른 색깔의 셀로판지가 합쳐졌을 때 변하는 색깔
에 대해서도 탐색할 수 있다.

월령 : 19~24개월 | 영역 : 탐색 | 준비물 : 셀로판지

교사: 이게 뭘까?
　　　여러 가지 색깔이 있네,
　　　빨간색 셀로판지로 보니까 교실이
　　　온통 빨간색이네,
　　　친구 얼굴은 초록색으로 보이는구나,
　　　이번엔 두 장을 합쳐서 볼까?

색종이 찢고 붙이기

색종이의 다양한 색깔을 탐색하고, 색종이를 자유롭게 찢어 모양을 만들어 시트지에 붙이면서 창의적인 모양을 만들어 보는 과정을 통해 심미감과 정서적인 안정감을 얻는다.

월령 : 19~24개월 | 영역 : 창의 | 준비물 : 색종이, 시트지

교사 : 여러 가지 색깔의 색종이가 있어요.
　　　좋아하는 색깔을 골라 볼까?
　　　○○는 빨간색을 골랐구나.
　　　색종이를 찢어서 붙여 보자.
　　　△△는 아주 작게 찢어 보았네.
　　　어떻게 붙여 볼까?
　　　□□는 기다랗게 연결해서 붙여 보았네.

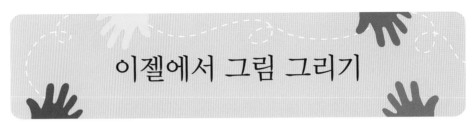

이젤에서 그림 그리기

이젤이라는 미술 도구를 이용하여 다양한 색깔의 물감으로 그림을 그리며 물감의 색을 탐색할 수 있으며, 이러한 경험을 통해 창의적 표현 능력을 발달시킬 수 있다.

월령 : 19~24개월 | 영역 : 창의 | 준비물 : 물감, 전지, 이젤, 붓

교사: 붓으로 그림을 그려 보자,
　　　무슨 색으로 그려 볼까?
　　　○○는 초록색 동그라미를 그렸네,
　　　△△는 주황색으로 긴 선을 그어 보았구나,

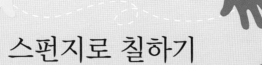

스펀지로 칠하기

물감을 묻혀 보며 물을 잘 흡수하는 성질을 지니고 있는 스펀지의 특성을 인지할 수 있으며, 물감을 흡수한 스펀지의 색깔 변화를 관찰하고 종이에 문질러 보면서 표현할 수 있다.

월령 : 19~24개월 | 영역 : 창의 | 준비물 : 스펀지, 물감, 한지

교사: 폭신폭신한 스펀지가 있네,
　　　스펀지로 그림을 그려 보자,
　　　물감을 묻혀 볼까?
　　　어떤 색을 묻혀 볼까?
　　　이렇게 찍어 보면 스펀지처럼
　　　네모가 나오네,
　　　이번엔 쓱싹 문질러 볼까?

면봉으로 그리기

일상 생활에서 흔히 접할 수 있는 면봉에 다양한 색깔을 가지고 모양 종이에 칠하며 창의적으로 꾸미는 활동이다.

월령 : 19~24개월 | 영역 : 창의 | 준비물 : 면봉, 여러 모양의 흰 도화지, 물감

교사: 면봉이 있네, 만져 보자,
　　　부드러운 솜이 달려 있구나,
　　　면봉으로 그림을 그려 볼까?
　　　물감을 묻혀서 물고기를 꾸며
　　　주자,
　　　○○는 무지개 물고기처럼 꾸며
　　　보았구나,

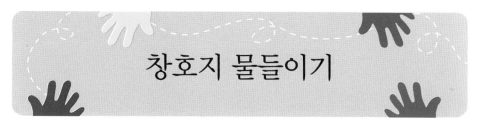

창호지 물들이기

흡수를 잘하는 창호지를 이용하여 색깔을 탄 물에 담그면서 창호지의 색깔이 변화하는 것을 탐색해 본다.

월령 : 19~24개월 | 영역 : 탐색 | 준비물 : 창호지, 물, 식용 색소

교사: 창호지에 물감을 묻혀 볼까?
　　　어떤 색으로 변하는지 볼까?

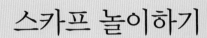

스카프 놀이하기

여러 가지 색깔의 스카프를 가지고 당기고, 날리고, 춤을 추는 등 여러 활동을 하며 신체 발달을 돕고, 스카프의 느낌을 느끼며 감각 향상에도 도움이 된다.

월령 : 19~24개월 | 영역 : 신체 | 준비물 : 다양한 색깔의 스카프

💡 활동 시 영아들이 부딪히지 않도록 유의한다.

교사: 여러 가지 색깔 스카프가 있네,
　　　손을 흔들어 스카프를 흔들어 보자,
　　　스카프가 어떻게 움직일까?
　　　스카프가 춤을 추네,

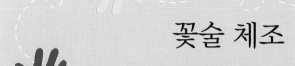

꽃술 체조

여러 색의 셀로판지로 만든 꽃술을 가지고 신나는 음악에 맞춰 이리 저리 흔들며 방향
감각을 키울 수 있으며 대·소 근육의 발달이 이루어진다.

월령 : 19~24개월 | 영역 : 신체 | 준비물 : 셀로판지, 노끈

교사: 와! 알록달록한 꽃술을 흔들어 보자,
　　　꽃술이 춤을 추네,
　　　위로 흔들어 보자,
　　　옆으로 흔들어 보자,

1세 영아를 위한
자동차 놀이 활동
(19~24개월)

바퀴 무늬 만들기 ✱ 자동차 모양 도장 찍기 ✱ 자동차 모양 쿠키 만들기 ✱ 자동차 길 만들기 ✱ 라면 상자 자동차 타기 ✱ 장난감 싣고 끌차 끌기 ✱ 미끄럼틀에서 자동차 굴리기 ✱ 자동차 핸들 돌리기 ✱ 모루로 바퀴 만들기 ✱《중장비, 공사장차》책 보기 ✱ 구급차 놀이

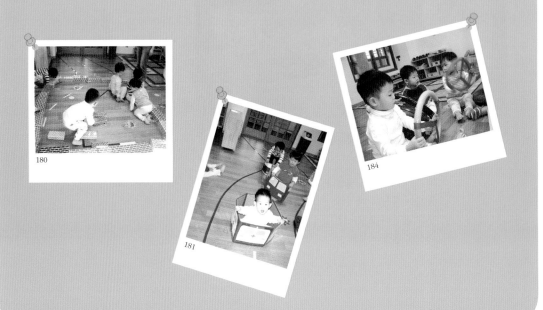

180

181

184

바퀴 무늬 만들기

큰 전지 위에 다양한 바퀴들을 가진 자동차를 물감에 찍어 굴리며 바퀴의 무늬를 살펴보고, 바퀴를 가지고 창의적으로 표현할 수 있는 능력을 기를 수 있다.

월령 : 19~24개월 | 영역 : 창의 | 준비물 : 장난감 자동차, 물감, 전지

교사: 바퀴에 물감을 묻혀 보자,
　　　종이 위에서 자동차를 움직여
　　　볼까?
　　　바퀴가 지나가는 대로 길이 생
　　　기네,

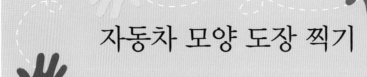

자동차 모양 도장 찍기

다양한 모양의 교통수단 도장을 한지에 찍으면서 찍혀진 모양을 탐색해 보며 즐거움을 얻을 수 있고 다양한 교통수단의 명칭(버스, 택시, 자동차 등)과 모양을 인식할 수 있다.

월령 : 19~24개월 | 영역 : 창의 | 준비물 : 스탬프, 자동차 모양 도장, 한지

교사: 여러 가지 자동차 모양 도장이 있어요.
　　　버스도 있고, 택시도 있네.
　　　콩콩 도장을 찍어 보자.
　　　스탬프에 묻혀서 종이 위에 찍어 보자.
　　　와! 빨간색 자동차가 나왔네.

자동차 모양 쿠키 만들기

쿠키가루, 달걀, 우유 등 재료의 특징을 인지하고, 반죽을 통해 자동차 모양을 만들며 요리의 즐거움을 느낄 수 있다.

월령 : 19~24개월 | 영역 : 창의 | 준비물 : 치즈 쿠키가루, 우유, 버터, 달걀, 자동차 모양 틀

교사 : 여기 치즈 쿠키가루가 있어요,
　　　와! 치즈 맛이 나는구나, 맛있는
　　　냄새가 나네,
　　　재료를 섞어 볼게, 가루가 무엇으
　　　로 변할까?
　　　물렁물렁한 반죽이 되었어, 만져
　　　볼까?
　　　이제 자동차 모양 틀로 찍어 볼까?
　　　와! 반죽을 뜨거운 불에 구우니까
　　　딱딱한 쿠키가 되었어,
　　　자동차 모양 쿠키다,

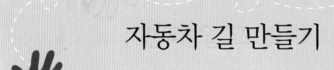

자동차 길 만들기

자동차가 다니는 길에 대해 인지하고, 벽돌블록으로 자동차 길을 만든 후 그 위로 자동차를 굴리면서 즐거움을 느끼는 대근육이 발달할 수 있는 활동이다.

월령 : 19~24개월 | 영역 : 신체 | 준비물 : 벽돌블록, 장난감 자동차

교사 : 자동차가 지나갈 수 있는 길을 만들어 보자.
       길을 둥글게 만들어 볼까?
       자동차가 뱅글뱅글 돌아갈 수 있겠다.
       길 위로 자동차를 움직여 보자.
       자동차가 길 위로 부릉부릉 달려가요.

라면 상자 자동차 타기

라면 상자를 재활용하여 자동차처럼 꾸며 가상 놀이를 즐기고, 길을 따라 운전을 하면서 방향감각을 발달시킬 수 있다.

월령 : 19~24개월 | 영역 : 신체 | 준비물 : 라면 상자로 꾸민 자동차들

교사 : (구급차, 경찰차, 소방차로 꾸며진 라면 상자에 들어가 움직여 본다.)

여기 불이 났어요, 소방차! 불을 꺼 주세요.

아기가 아파요, 병원에 데려다 주세요!

장난감 싣고 끌차 끌기

끌차에 다양한 장난감을 싣고 직접 이동시키면서 운전하는 활동으로 대 · 소근육이 발달하는 데 도움을 준다.

월령 : 19~24개월 | 영역 : 신체 | 준비물 : 끌차, 다양한 장난감

교사: 끌차에는 바퀴가 몇 개 있을까?
바퀴가 어떻게 굴러가는지 굴려 볼까?
끌차에 장난감을 싣고 자동차길을 따라 움직여 보자,
오른쪽으로 가요,
빨간 불이에요,
멈추세요,

미끄럼틀에서 자동차 굴리기

경사로에서 자동차를 굴리면서 평지에서 굴릴 때와 경사로에서 굴릴 때 어느 쪽이 더 잘 굴러가는지 탐색하는 활동으로 영아의 과학적 사고 능력을 향상시킨다.

월령 : 19~24개월 | 영역 : 탐색 | 준비물 : 장난감 자동차

교사: 미끄럼틀 위에서 자동차를 굴리면
　　　어떻게 될까?
　　　자동차가 빨리 굴러가네,
　　　거꾸로 굴려 볼까?
　　　어? 자동차가 다시 거꾸로 데굴데
　　　굴 굴러간다,

자동차 핸들 돌리기

모형 운전대를 가지고 이쪽저쪽 돌리며 대·소근육 발달을 돕고, 길을 따라 운전하는 가상 놀이를 즐길 수 있다.

월령 : 19~24개월 | 영역 : 신체 | 준비물 : 모형 운전대

교사: 자동차 운전을 해 볼까?

(모형 운전대를 제시한다.)

부웅~ 운전대를 돌려 봐요,

자동차 길을 따라서 운전해 보자,

모루로 바퀴 만들기

손의 움직임에 따라 다양하게 모양이 만들어지는 모루를 사용하여 동그란 바퀴 모양을 만들면서 바퀴의 특징을 인지할 수 있는 활동이다.

월령 : 19~24개월 | 영역 : 창의 | 준비물 : 다양한 색깔의 모루

교사: 바퀴는 어떻게 생겼지?
　　　모루로 동그란 바퀴를 만들어
　　　보자,
　　　○○는 울퉁불퉁한 바퀴를 만
　　　들어 보았네,
　　　데굴데굴 굴려 볼까?

《중장비, 공사장차》책 보기

실물 사진으로 되어 있는《중장비, 공사장차》책을 보며 다양한 용도로 사용되는 차를
간접 경험해 보고, 차의 이름을 발음해 보면서 언어를 발달시킨다.

월령 : 19~24개월 | 영역 : 언어 | 준비물 :《중장비, 공사장차》그림책

교사: 여기 기다란 이 자동차는 뭘까?
　　　아주 무거운 것을 들어서 이동시켜 주는
　　　크레인이구나.
　　　굴삭기도 있네.
　　　굴삭기는 어떻게 움직일까?

구급차 놀이
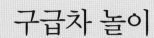

아플 때 가는 곳인 병원에 빠르게 데려다 주는 구급차에 대해 알아볼 수 있으며 역할 영역과 연계하여 병원 놀이로 확장시킬 수 있는 활동으로 영아의 사회성을 향상시킬 수 있다.

월령 : 19~24개월 | 영역 : 창의 | 준비물 : 장난감 자동차, 병원 놀이 도구, 아기인형

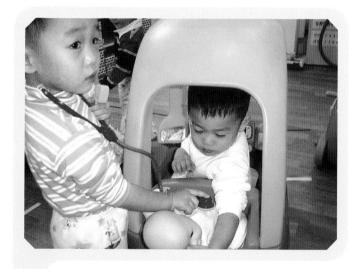

교사: 아기가 아파요, 병원에 가야겠어요,
　　　구급차에 태워서 병원에 데려다 주세요,
　　　삐요삐요~ 구급차가 나갑니다, 비켜 주세요,
　　　(병원 놀이와 연계하여 놀이한다.)
　　　병원에 다 왔어요,
　　　의사 선생님! 아기가 아파요,

3

2세의 발달적
특성과 놀이

2세의 발달적 특성과 놀이

1. 2세 영아들은 어떻게 자랄까?

기동성이 생긴 2세 영아는 활발하게 움직이고 자신의 신체를 조절하게 되면서 모든 것을 스스로 하려고 한다. 또한 성인의 도움을 거절하고 성인으로부터 독립하려고 고집하며 "싫어", "안돼", "내가…" 등의 표현을 자주 사용하게 된다.

흔히 이 시기를 미운 세 살이라고 표현하는데 이는 2세 영아의 자율성이 발달함에 따라 자아가 발달하고 주도성과 독립심이 강해지기 시작하는 시기이기 때문이다.

특히 언어의 발달로 이전 보다 자신의 욕구를 표현할 수 있고 자신의 독립을 주장하기 시작한다. 따라서 이 시기에 부모들은 2세 영아들을 통제하기가 쉽지 않다고 느끼고, 2세 영아들이 고집을 부릴 때 자신들의 말을 안 듣고 떼를 많이 쓴다고 생각하게 된다. 이 시기 부모는 아이에게 배변 훈련을 시작하며 사회의 구성원으로 필요한 규칙을 알려 주기 때문에 부모와 영아 간에 마찰이 나타나기 시작한다.

2세 영아들은 이 시기에 자아개념이 형성되어 자신의 감정뿐만 아니라 두려움에 대처하는 방안을 알게 되며 타인에 대한 배려와 이해심을 키우게 되므로 자기

중심적 사고에서 조금씩 벗어나기 시작한다. 즉 다른 사람의 입장에서 생각할 수 있는 힘을 기르게 된다.

혼자 놀이나 병행 놀이를 많이 나타내던 1세와 달리 2세 영아는 점차 다른 또래와 놀이에 참여하여 어울려 노는 방법을 배운다. 놀이 집단에 참여하는 방법과 차례 지키기 등 사회적 규칙을 배우게 된다. 이 시기의 놀이는 2세 영아의 발달 정도를 나타낼 뿐만 아니라 여러 영역의 발달을 도모한다.

(1) 신체 발달

신체 발달은 2세에 들어서면서 발달의 속도가 지난 2년 보다 천천히 이루어진다. 뛰거나 발로 공을 차거나 깡충깡충 뛸 수 있지만 갑자기 방향을 바꾸면 쉽게 넘어지기도 한다. 한 발로 잠시 설 수 있고, 한 계단에 두 발을 모두 디디면서 계단을 오르내릴 수 있다. 소근육이 점차 발달하여 작은 물건을 바구니에 담거나 쏟을 수 있고, 플라스틱 장난감의 볼트, 너트를 조이기도 하고 병의 뚜껑을 열기도 한다. 또한 일상 생활에서 자기 스스로 신변을 처리 할 수 있는 자조기술이 발달하기 시작하여 대·소변 가리기, 혼자 밥 먹기, 옷 입기 등이 가능해진다.

(2) 인지 발달

2세 영아들은 상징을 인식하면서 상징적 사고가 가능해지고, 소꿉놀이 영역에서는 가장놀이가 나타난다. 간단한 원인-결과를 이해하고, 짝짓기와 분류 놀이와 같은 사물의 특성을 알아가며, 물체를 사용하는 방법을 알게 되며 사물간의 관계를 이해한다. 2세 영아들은 상상 놀이가 가능하고, 놀이의 내용이 점차 논리적으로 전개된다. 상상 놀이는 연령이 높아지면서 자신에 대한 가장행동에서 타인에 대한 가장행동으로 변화한다. 2세 영아들이 발달해 갈수록 놀이가 점차 정교해지고 세분화되면 내용이 풍부해진다. 이 시기의 영아는 간단한 수의 개념을 이해할 수 있고, 사물과 자연에 대한 질문이 많아진다.

(3) 언어 발달

24개월에서 36개월 사이의 영아들은 그림책을 좋아하고 타인이 말하는 내용에 관심을 나타내며 타인의 말이나 억양들을 모방한다. 두 단어로 된 문장을 사용할 수 있고, 어휘가 폭발적으로 증가하여 36개월이 되면 약 900개의 어휘를 사용하여 3~4개의 단어로 된 문장을 사용한다. 또한 이 시기의 영아들은 "왜?"라는 질문을 많이 한다.

(4) 사회/정서 발달

2세 영아들은 자기 인식과 자기 통제를 포함하는 자기라는 개념이 발달하는 시기로 자율성과 독립심이 발달한다. 또래와의 놀이에 관심이 많고, 이 시기의 영아는 점차 자신의 충동을 통제하고 또래와의 상호작용에서 자기 규제가 가능해진다. 또한 타인을 배려하며 병행 놀이가 많이 나타나고, 또래와의 놀이에도 적극적으로 참여한다. 2세 영아는 자신이 좋아하는 것을 "내 것"이라 표현한다.

2세 영아들은 정서를 표현하는 데 규칙이 있고 정서를 표현해야 할 상황, 표현해서는 안 될 상황을 구별한다. 또한 감정의 통제가 가능하게 하며 타인과 관계나 주어진 상황에서의 감정 통제가 가능하다.

2. 2세 영아와 놀이해 주세요

2세 영아들은 1세 영아와 달리 대근육의 발달이 보다 정교해지고, 소근육이 발달하면서 놀이에 대한 영역의 범위가 커진다. 또한 사회와 환경에 대한 호기심이 증폭하여 사물에 대한 궁금증이 점차 많아지고, 또래와의 놀이가 보다 자연스럽게 이루어지는 것을 볼 수 있다. 말할 수 있는 단어의 수가 증가하면서 자신의 의사를 명확하게 표현하는 것이 가능해진다.

그렇다면 2세 영아들과 어떻게 놀이해 주는 것이 좋을까? 부모와 교사는 2세 영아들에게 적절한 물리적 환경을 제공해 주고, 영아의 호기심을 자극하는 자료들을 비치하고, 궁금증을 풀어 줄 수 있는 매체를 제공하는 것이 중요하다.

(1) 상상 놀이

2세가 되면서 뚜렷하게 나타나는 놀이 중 하나가 바로 상상 놀이이다. 1세 영아들에게 사물에 대한 호기심과 사물을 혼자 가지고 노는 놀이가 나타났다면, 2세 때는 사물을 이용한 상상 놀이가 가능해진다. 상상 놀이의 초기 단계에서는 자신에 대한 가장행동에서 시작하여 점차 타인에 대한 가장행동으로 변화한다. 예를 들어 혼자 먹는 시늉을 하다가 타인과 무생물인 인형에게 가장행동이 나타나게 되는 것이다.

두 개 이상의 연결된 상상의 행동을 이어 한 편의 이야기를 구성하기도 한다. 이러한 전개는 연령이 증가하면서 점차 논리적인 전개가 이루어지고, 놀이의 내용이 정교해지고 세분화된다.

1세 영아들은 혼자 하는 놀이가 많이 일어났지만, 2세가 되면서 영아들은 점차 또래와 놀이를 하거나 성인과 같이 하는 놀이가 많아진다. 영아들은 성인과의 놀이를 통해 놀이가 가치 있고 흥미로운 것이라는 것을 알아가며, 놀이 시간이 길어지는 것을 볼 수 있다. 그러므로 이 시기의 영아들에게 교사나 부모가 함께 놀이를 해 주는 것이 중요하고, 이 때 영아의 수준에 맞는 상상 놀이를 함께 하는 것이 필요하다. 또래끼리 상상 놀이를 할 경우, 영아들의 놀이에 교사나 부모가 개입하기 보다는 놀이를 격려해 주면서 놀이가 원활하게 이루어질 수 있도록 환경을 마련해 주는 것이 좋다. 예를 들어, 이 시기에 흔히 나타나는 상상 놀이는 가족놀이와 가정생활에 대한 놀이이므로 주방 도구, 생활용품, 옷가지 등을 제공해 주며 도움을 줄 수 있다.

이렇게 도와주세요!

① 영아들의 상상 놀이가 나타날 때 적극적인 상호작용을 한다.
② 또래와의 상호작용이 일어날 수 있도록 환경을 마련해 준다.
③ 생활용품, 주방 도구, 옷가지 등을 제공해 준다.
④ 영아의 행동을 같이 따라하면서 조금씩 덧붙여 이야기해 준다.
⑤ 사물을 이용해 2차 상징이 일어날 때, 예를 들어 전화기가 아닌 다른 사물로 전화기인척 할 때 영아와 함께 전화 놀이를 하며 대화해 준다.

(2) 신체 놀이

2세 영아는 걷기, 뛰기뿐만 아니라 계단을 자연스럽게 오르내릴 수 있다. 대근육이 보다 발달하여 제자리에서 뛰거나 한 발로 서 있기 등과 같은 활동도 가능해진다. 눈과 손의 협응이 정교해지면서 손가락의 사용이 많아지고 작은 장난감을 이용한 놀이가 가능해진다. 또한 블록을 높이 쌓거나, 컵 쌓기 놀이도 할 수 있다.

그러므로 이 시기의 영아들에게 다양한 운동 기술을 이용해 놀이할 수 있는 장난감의 제공이 필요하다. 실내에서는 큰 스펀지 블록이나 우레탄 블록을 오르고 내리는 놀이를 하도록 하고, 실외에서는 매달리는 철봉, 사닥다리, 당기며 끄는 수레, 쌓아올리는 블록, 승용 장난감 등으로 놀이한다.

소근육을 이용한 놀이도 활발해지므로 큰 조각 퍼즐, 구슬 꿰기, 점토를 제공하며, 오리고 붙이는 것과 같은 도구를 이용하는 활동은 제한적이지만 점차 기술을 습득할 수 있으므로 다양한 질감의 종이, 안전가위, 풀 등을 준비한다. 또래에 대한 관심이 많아지는 시기이므로 또래와의 놀이활동을 칭찬해 주고, 격려해 주므로 또래와의 활동이 많아지도록 해 준다.

(3) 언어 놀이

2세 영아는 언어가 폭발적으로 증가하는 시기이다. 2세 영아는 한 단어를 말하는 것에서 두 단어 문장을 사용하여 자신의 의사를 표현하기 시작한다. 점차 사용할 수 있는 단어의 수가 증가하면서 성인이나 또래의 말을 모방하고, 부모와 간단한 대화가 가능해진다. 영아는 성인과의 사회적 상호작용을 통해 보다 높은 수준의 언어를 익히게 되기 때문에 성인이 영아의 발달 단계에 맞추어 언어 사용을 적절히 변화시키므로 영아의 언어 발달에 도움을 주는 것이 중요하다.

이 시기의 영아들은 질문이 많아지는 시기이므로 영아들의 질문에 긍정적이고 적극적으로 대답해 주므로 아이들의 언어 발달을 도와준다. 부모는 영아의 언어를 발달시키기 위해 능동적인 대화의 파트너로 자주 언어적 상호작용을 하는 것이 중요하다. 영아의 말에 관심을 나타내며 귀 기울여 듣고 영아가 자신을 표현할 수 있는 기회를 제공하여야 한다. 영아 자신의 목소리 또는 또래나 교사의 목소리를 녹음기에 녹음하여 소리에 대한 다양함을 경험하고, 영아가 하고 싶은 이야기를 녹음하여 자신의 의사표현을 할 수 있는 기회를 갖는 것도 영아의 언어발달에 도움이 된다. 이 시기의 영아는 한 권의 책을 여러 번 반복하여 읽는 행동이 나타나기도 한다.

이렇게 도와주세요!

① 2세 영아의 언어 표현과 행동을 주의 깊게 관찰하여 현재 영아의 언어 발달 수준에 맞는 대화를 자주하며 이 대화를 즐긴다.

② 영아의 계속되는 "왜?"라는 질문에 적극적으로 대답해 준다.

③ 영아, 또래, 교사의 목소리나 영아 자신의 이야기를 녹음기에 녹음해서 들어 본다.

④ 다양한 표현이 있는 동화책을 제공해 준다.

2세 영아를 위한
밀가루 놀이 활동

'늘어나요, 길어져요'* '내가 만든 모양은?'* 마음껏 즐기는 밀가루 놀이 * 밀가루 점토 가면 놀이 * 밀가루 점토 반죽하기 * 굳어지는 점토 * 밀가루 반죽 그림 * 밀가루 점토 구성물 만들기 * 음악 들으며 점토 두드리기 * '밀가루 눈이 와요!'

198

202

205

'늘어나요, 길어져요'

밀가루 점토는 점성을 가지고 있어서 조금만 누르고 늘리면 쉽게 모양이 변한다. 쉽게 변하는 모양을 여러 가지 말로 표현하면서 영아들의 사물 표현 능력을 도와줄 수 있다. 영아들이 밀가루 점토를 늘리거나 주물러서 나오는 모양을 보고 사실적으로 표현해 주거나 표현할 수 있게 도와준다.

월령 : 25~30개월 | 영역 : 언어 | 준비물 : 밀가루 점토

영아: 선생님, 길어요,

교사: 그래, 밀가루가 길어지고 있네,

　　　○○가 조금 더 당겨 볼까? 어때?

영아: 길어져요,

'내가 만든 모양은?'

영아들이 밀가루 점토를 두드리고 떼고 문지르는 등 여러 가지 모양을 만들어 보면서 쉽게 밀가루 점토와 닮은 모양을 떠올리게 된다. 비구조적인 모양을 보면서 여러 가지 사물을 적용하는 과정은 영아의 창의력 향상에 도움을 준다. 영아가 만든 밀가루 점토를 보며 비슷한 모양의 사물을 이야기해 보도록 도와주고, 그 사물을 이용한 놀이로 확장해 줄 수 있다.

월령 : 31~36개월 | 영역 : 언어 | 준비물 : 밀가루 점토, 모양 찍기틀

교사: 밀가루 반죽으로 무엇을 만들어
　　　보았니?

영아: 떡!

교사: 떡을 만들어 보았구나,
　　　떡으로 무엇을 했어?

영아: 친구도 주고 엄마도 줬어요,

마음껏 즐기는 밀가루 놀이

요리 재료로 자주 사용되는 밀가루는 영아들이 가장 탐색을 즐기는 재료 중 하나이다.
조금씩 뿌리거나 만지기만 하던 밀가루를 바닥 가득 뿌려 놓고 영아에게 마음껏 즐겨
볼 수 있는 시간을 마련해 준다. 밀가루를 체에 걸러 뿌려 보기도 하고 바닥에 떨어진
밀가루에 손가락 그림도 그리고 그 위를 부드럽게 기어 볼 수도 있다. 영아의 몸에 묻
은 밀가루도 함께 문질러 준다. 자유로운 분위기에서 밀가루 놀이를 하며 영아는 긍정
적인 정서 표현을 할 수 있게 된다.

월령 : 25~30개월 | 영역 : 사회/정서 | 준비물 : 비닐, 밀가루

💡 영아의 눈이나 코에 밀가루가 들어가지 않도록 주의한다.

교사: 와, 하얀색 밀가루다.

영아: 엄마가 요리할 때 봤는데…

교사: 발바닥이 하얗다.

영아: (손을 보여 주며) 여기도요.

밀가루 점토 가면 놀이

영아는 밀가루 점토를 두드려서 여러 가지 모양을 만드는 것을 시도한다. 영아가 만든 여러 가지 모양에 구멍을 뚫어서 가면을 만들 수 있게 도와주고 어떤 가면인지 이름을 붙여 볼 수 있게 도와준다. 영아와 함께 가면을 쓰고 하는 흉내내기 놀이를 통해 사회 극 놀이 발달에 도움을 줄 수 있다.

월령 : 31~36개월 | 영역 : 사회/정서 | 준비물 : 밀가루 점토

교사: 밀가루에 구멍이 생겼네.

영아: 가면 같아요.

교사: 그러네, 정말로 가면 같다.
    가면은 어떻게 하는 거야?

영아: (얼굴을 가리며) 이렇게요.

밀가루 점토 반죽하기

밀가루 점토 반죽은 물과 하얀 가루인 밀가루가 만나서 점성이 있는 점토가 되는 과정이다. 영아는 밀가루에 물을 조금씩 부어 보면서 점점 밀가루가 변하는 것을 탐색한다.

월령 : 25~30개월 | 영역 : 인지 | 준비물 : 반죽할 용기, 밀가루, 물, 식용색소

💡 밀가루 반죽을 입에 넣지 않도록 주의한다. 손에 질척하게 묻는 느낌을 싫어하는 영아에게는 교사가 반죽을 떼고 바르는 놀이를 함께 해 줄 수 있다.

교사: 밀가루에 이걸 넣어 볼까?

영아: 물이다.

교사: 물을 넣으니까 어때?

영아: 밀가루가 숨었어요.

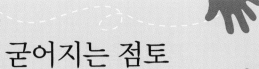

굳어지는 점토

밀가루 점토 놀이를 하다가 놓아 둔 반죽 덩어리는 시간이 점점 지나면서 굳어지게 된다. 굳어진 점토 덩어리는 점토 구성물을 놓아 두면서 영아가 자연스럽게 발견할 수 있다. 굳기의 변한 상태를 영아가 만져서 느껴 볼 수 있고 어떻게 느낌이 다른지 이야기 하도록 도와준다.

월령 : 31~36개월 | 영역 : 인지 | 준비물 : 밀가루 점토, 미니오븐

💡 뜨거워진 점토를 만질 때 데지 않도록 주의한다.

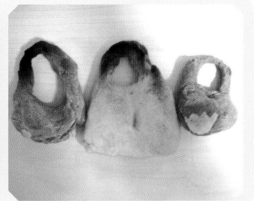

교사: 말랑말랑한 점토를 전시해 두면 어떻게 될까?

영아: 딱딱해져요,

교사: 만들어 본 점토를 오븐에 구우면 어떨 것 같아?

영아: 맛있는 냄새가 나요,

밀가루 반죽 그림

물과 밀가루를 섞어 끈적끈적해진 반죽에 물감을 섞거나 밀가루 풀을 쑤어 색 밀가루 반죽 물감을 준비한다. 영아는 점성이 있는 밀가루 풀 물감으로 그림을 그리며 잘 흐르지 않고 두터운 느낌으로 칠해지는 것을 경험하게 된다. 붓이 아닌 손가락으로 넓게 물감을 덮었다가 그림을 그려 보는 탐색 놀이도 흥미롭다.

월령 : 25~30개월 | 영역 : 표현 | 준비물 : 밀가루 풀, 라이트 책상, 셀로판지

교사: 와, 꽃이다,

영아: 꽃하고 싶어요,

교사: 꽃을 그려 보고 싶구나, 함께
　　　해 볼까?

밀가루 점토 구성물 만들기

색소를 넣어 밀가루 점토 반죽을 만들어 색 점토를 준비한다. 영아가 여러 가지 색의 점토를 주무르고 빚으며 형태를 가진 구성물을 만들 수 있게 도와준다. 빨대와 이쑤시개, 단추 등 밀가루 점토에 쉽게 꽂고 붙일 수 있는 재료를 더불어 준비하여 영아가 다양하게 구성해 보도록 하고, 이름을 붙일 수 있게 도와준다. 영아가 만든 케이크, 뱀, 공 등의 구성물을 극 놀이의 소품으로 사용할 수 있게 한다.

월령 : 31~36개월 | 영역 : 표현 | 준비물 : 밀가루 점토, 꽂아서 표현할 수 있는 재료

💡 손에 찔릴 수 있는 뾰족한 재료는 피한다.

교사: 반죽이 다르게 변했네.

영아: 케이크예요.

교사: 케이크로 무엇을 했어?

영아: 동생하고 생일 축하했어요.

음악 들으며 점토 두드리기

밀가루 점토 놀이를 할 때 여러 가지 느낌을 음악을 배경음악으로 틀어 준다. 영아가 음악을 들으며 반죽을 두드려 볼 수 있게 음악의 느낌을 박자로 표현해서 함께 두드려 본다. 영아는 점토를 두드리면서 박자를 몸으로 느끼는 경험을 할 수 있고 크고 작은 세기의 힘 조절을 해 볼 수 있다.

월령 : 25~30개월 | 영역 : 신체 | 준비물 : 밀가루 점토, 카세트

교사: 노래가 참 신난다,
　　　선생님은 통통 두드려 봐야지,

영아: (반죽을 두드리며) 나도!

교사: 이번에는 노래가 느리다,
　　　주물럭주물럭 해 줘야지,

영아: (반죽을 주무르며) 나도 주물럭!

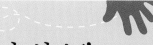

'밀가루 눈이 와요!'

밀가루를 뿌려 보며 부드럽게 떨어지는 밀가루의 느낌을 몸으로 느끼고 그 속에서 밀가루의 떨어지는 모양을 흉내내 보고 또 잡아 볼 수 있게 도와준다. 또, 바닥에 뿌려진 밀가루 길을 걸으면서 밀가루 발자국을 내 볼 수 있게 도와준다. 미끄러운 밀가루 길에서는 걸어볼 수도 있지만 깡충깡충 뛰기도 하고, 또 발바닥으로 밀면서 미끄러지듯 걸어볼 수도 있다. 밀가루의 부드러운 느낌은 영아가 놀이를 하면서 다양하고 흥미롭게 신체를 움직여 볼 수 있게 도와준다.

월령 : 31~36개월 | 영역 : 신체 | 준비물 : 밀가루, 밀가루를 담을 용기

 밀가루가 영아의 눈, 코, 입 등에 들어가지 않도록 유의한다.

교사: (밀가루를 뿌린다.)

영아: 눈이다,

교사: 정말 하늘에서 눈이 내리네,

영아: 여기는 밀가루가 없어요,

2세 영아를 위한 '나' 놀이 활동

'나는 ○○야, 너는 누구니?' ✲ 내 목소리 들어보기 ✲ 내 모습 인형 놀이 ✲ 내가 좋아하고 싫어하는 것 ✲ 여러 가지 신체 이름 ✲ '친구랑 나랑 똑같네!' ✲ 내 모습 그리기 ✲ 거울 보고 내 얼굴 그리기 ✲ 긴 터널 통과하기 ✲ 균형 잡고 평균대 걷기

211

214

218

'나는 ○○야, 너는 누구니?'

친구와 동그랗게 앉아서 친구에게 자신의 이름을 이야기해 주고 친구에게 이름을 물어보는 시간을 가져 본다. 이 놀이는 영아에게 다른 가면을 쓰고 "나는 ○○야, 너는 누구니?" 하고 이야기하고 질문해 보는 놀이로 확장하여 진행할 수도 있다.

월령 : 25~30개월 | 영역 : 언어 | 준비물 : 역할놀이 가면

교사: 친구에게 이름을 물어 볼까?

영아 1: 나는 ○○야, 너는 누구니?

교사: △△가 대답해 볼까?

영아 2: 내 이름은 △△야.

내 목소리 들어보기

영아가 놀이할 때의 목소리를 녹음하여 녹음된 자신의 목소리와 친구의 목소리를 들어 볼 수 있는 시간을 마련해 본다. 자신의 목소리가 녹음기에서 나오는 경험만으로도 영아는 무척 흥미로워 한다. 녹음된 친구들의 목소리를 함께 들어 보고 그 중에서 자신의 목소리를 구별하는 놀이를 하면서 영아는 자신이 남과 다르고 또 특별하다는 것을 느끼게 된다.

월령 : 31~36개월 | 영역 : 언어 | 준비물 : 녹음기, 녹음테이프, 카세트

교사: 누구의 목소리가 들리네,

영아: ○○

교사: 정말 ○○목소리 일까?
　　　어! 다른 목소리도 들리는데?

영아: △△

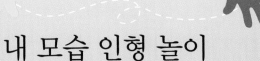

내 모습 인형 놀이

영아의 얼굴과 몸이 있는 사진을 이용하여 적목 인형이나 융판 인형, 막대 인형 등으로 만들어서 영아가 자신의 인형을 가지고 놀이할 수 있게 준비해 준다. 영아는 자신의 이름을 불러 보기도 하고, 친구와 비교해 보기도 하며, 자신의 모습과 친구의 모습 인형을 움직이며 놀이하고 있는 자신을 표현해 볼 수 있게 된다. 자신이 하고 싶은 것을 인형을 통해 표현하며 긴장을 해소하고 긍정적인 사회성 발달에 도움을 줄 수 있다.

월령 : 25~30개월 | 영역 : 사회/정서 | 준비물 : 영아의 얼굴 사진 인형

교사: 이건 누구 얼굴이야?

영아: ○○ 얼굴!

교사: ○○는 뭐 하고 있어?

영아: 뽀뽀해요.

내가 좋아하고 싫어하는 것

영아가 내가 좋아하고 싫어하는 음식, 장난감, 기분 등을 이야기해 볼 수 있게 도와준다. 아직 이야기를 하기 어려워하는 영아에게는 영아가 그런 느낌을 표현할 때 "네가 좋아하는구나" 또는 "이건 싫어하는구나"하며 말해 주어 자신의 감정을 표현할 수 있게 도와준다. 영아는 자신의 감정을 말로 표현하고 인정 받으면서 자신의 감정을 긍정적으로 받아들이게 되고 타인에게 표현하는 것을 알아가게 된다.

월령 : 31~36개월 | 영역 : 사회/정서

교사: ○○가 좋아하는 장난감에는 무엇이 있니?

영아: 자동차!

교사: 자동차가 왜 좋은데?

영아: 운전해요.

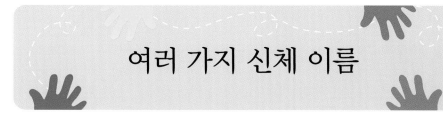

여러 가지 신체 이름

자신의 모습과 몸의 구조에 관심을 보이기 시작하는 영아에게 신체 구조와 관련된 동화책을 함께 보며 여러 가지 신체 이름을 알아본다. 거울을 보면서 자신의 모습을 가리키고 만져 보며 몸의 이름을 말해 보고 인지할 수 있게 도와준다.

월령 : 25~30개월 | 영역 : 인지 | 준비물 : 신체 구조와 관련된 동화책

교사: ○○야, 여기는 뭐야?

영아: 눈

교사: 눈은 어떻게 생겼어?

영아: 털이 있어요.

'친구랑 나랑 똑같네!'

자신의 몸의 구조를 탐색한 후 친구(교사)와 함께 몸을 보며 똑같은 곳을 찾아 본다. 처음에는 같은 몸의 기관을 찾아 보다가 점점 친구와 자신의 모습이 다르고 또 다른 점도 찾아 볼 수 있게 된다. 친구와의 다른 모습을 관찰하며 크기와 형태, 색, 느낌 등을 비교해 볼 수 있게 돕는다.

월령 : 31~36개월 | 영역 : 인지 | 준비물 : 거울, 몸에 있는 기관 사진, 친구 사진 등

영아: 선생님, ○○예요.

교사: 그래, ○○네, ○○하고 △△하고 똑 같다, 입도
　　　같고 코도 같고…

영아: 눈도 있어요.

내 모습 그리기

큰 전지에 영아를 눕히고 실제 영아의 모습을 대고 그려 준다. 자신의 실제 크기의 테두리를 보고 그 속안의 눈, 코, 입, 얼굴과 팔, 다리, 배 등을 여러 가지 재료로 구성해 볼 수 있게 돕는다. 영아는 자신의 모습을 구성하면서 자연스럽게 신체 구조를 알게 되고 자신의 모습의 형태를 느껴 볼 수 있다.

월령 : 25~30개월 │ 영역 : 표현 │ 준비물 : 전지, 칼라펜

교사: 누워 있는 친구를 따라 그려 볼까?

영아: (따라 그려 본다.)

교사: 여기 발은 어떻게 그릴까?

영아: 이렇게요.

거울 보고 내 얼굴 그리기

거울에 아세테이트지를 붙여 주고 영아가 거울로 자신의 모습을 보면서 자신의 얼굴을 대고 그려 볼 수 있게 돕는다. 눈동자와 눈썹, 콧구멍과 인중 등 거울에 비추어진 자신의 모습을 손가락으로 탐색해 보고 아세테이트지 위에 그릴 수 있게 돕는다. 조금 찌그러진 얼굴이겠지만 자신과 꼭 닮은 자신의 얼굴을 그리는 경험을 할 수 있다.

월령 : 31~36개월 | 영역 : 표현 | 준비물 : 거울, 아세테이트지, 매직

교사: 너희들 얼굴에는 무엇이 있어?

영아: 코, 입, 눈…

교사: 코는 어떻게 생겼어?

영아: 구멍이 있어요,

긴 터널 통과하기

영아가 한참동안 기어서 나올 수 있는 긴 터널과 터널을 빠져 나온 후 두드려 볼 수 있는 탬버린 등의 악기를 준비해 준다. 터널을 빠져 나오는 동안 누군가가 자신을 기다려 주는 기대감은 길게 뻗어진 터널을 더 흥미롭게 통과할 수 있게 도와 준다. 영아가 터널을 통과하는 동안 탬버린을 여러 가지 박자로 두드려 주며 빠르고 느리게 통과할 수 있게 도와줄 수도 있다. 영아와 탬버린을 두드리는 역할을 바꾸어서 터널에서 나오는 친구나 교사를 맞이하는 역할을 줄 수도 있다.

월령 : 25~30개월 | 영역 : 신체 | 준비물 : 긴 터널

💡 터널에 들어가는 것에 두려움을 느끼지 않도록 맞은편에서 격려해 준다.

영아: 터널이다.

교사: 여기 빨간색 터널이 있네.
      너희들 들어가 보고 싶니?

영아: 네.

균형 잡고 평균대 걷기

팔을 벌리고 평균대 위를 걸어 볼 수 있게 도와준다. 처음에는 교사의 손을 잡고 천천히 혼자서 해 볼 수 있도록 도와준다. 걸음의 속도를 조절하고 몸의 힘을 균형에 맞추어 조절하면서 자신의 움직임을 스스로 조절해 볼 수 있는 경험을 하게 된다.

월령 : 31~36개월 | 영역 : 신체 | 준비물 : 평균대

💡 떨어져도 다치지 않도록 폭신한 매트를 깔아 놓는다.

교사: ○○야! 조심해서 걸어가 보자.

영아: 선생님 무서워요.

교사: ○○가 무서운가 보구나. 선생님이
　　　도와줄게 해 보자.

영아: (교사의 손을 잡고 걸어가 본다.)

2세 영아를 위한
주방 놀이 활동

여러 가지 음식 이름 ✽ '매워요, 싱거워요, 뜨거워요!' ✽ '나는 요리사' ✽ 음식점 놀이 ✽ 음식의 여러 가지 색깔과 맛 ✽ '변했어요' ✽ 채소로 도장 찍기 ✽ '잉잉잉' 노래부르기 ✽ 음식 나르기 게임 ✽ '프라이팬 속에 들어갔어요'

221

224

227

여러 가지 음식 이름

영아가 쉽게 접하는 여러 가지 음식과 주방 도구들의 이름을 놀이 속에서 말로 표현해 볼 수 있다. 역할 장난감으로 준비된 메뉴판과 음식과 관련된 동화책을 보면서도 여러 가지 음식과 주방 도구의 이름을 알아볼 수 있다. 이러한 경험은 영아들이 놀이 속에서 더 다양한 도구를 이용하여 다양한 음식을 차려 볼 수 있게 한다.

월령 : 25~30개월 | 영역 : 언어 | 준비물 : 메뉴판, 모형 음식

교사 : 이건 뭘까?

영아 : 피자예요.

교사 : 피자는 어떻게 만들까?
　　　어떤 재료가 들어간 것 같아?

영아 : 토마토, 피망, 고기.

'매워요, 싱거워요, 뜨거워요!'

간식 시간, 점심 시간 등의 식사 시간에 영아가 음식의 느낌을 말로 표현해 볼 수 있게 도와준다. 영아는 여러 가지 음식의 맛과 느낌을 표현해 보면서 음식의 다양함을 경험하게 되고 풍부한 어휘력을 가질 수 있다.

월령 : 31~36개월 | 영역 : 언어 | 준비물 : 다양한 음식

💡 뜨거운 음식을 먹을 때 데지 않도록 주의한다.

교사: 이건 흰색이지!

영아: 먹어 보고 싶다.

교사: 조금씩 먹어 볼까? 무슨 맛이 날까?

영아: 달콤해요.

'나는 요리사'

2세 영아가 가장 좋아하는 극 놀이 중 하나는 음식 차리기 놀이이다. 엄마의 모습을 흉내내며 음식을 차리고 먹는 놀이는 흔히 나타난다. 교사가 아기나 손님의 역할이 되어서 엄마인 영아의 음식 차리기 놀이를 도와줄 수 있다. 여러 가지 음식을 여러 가지 과정을 통해 차려 달라는 상호작용을 해 주어 영아가 좀 더 지속적으로 다양한 과정을 표현해 볼 수 있게 도와준다.

월령 : 25~30개월 │ 영역 : 사회/정서 │ 준비물 : 음식 모형, 그릇, 주방 도구

💡 음식 모형을 입안에 넣지 않도록 한다.

교사: 무엇을 만들고 있어요?
영아: 달걀이요.
교사: 달걀로 뭘 만들죠?
영아: 달걀 밥 만들어요.

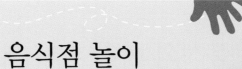

음식점 놀이

음식점 놀이는 음식 상 차리기 놀이보다 조금 더 복잡한 손님과 주인 역할이 추가된다. 영아가 음식점에 다녀온 경험(메뉴 고르기, 상차리기, 계산하기 등)을 놀이를 통해 표현해 볼 수 있게 도와준다. 처음에는 교사가 모델링을 해 주고, 놀이에 흥미를 보이는 영아들이 서로 역할을 정해서 놀이할 수 있게 도와준다.

월령 : 31~36개월 | 영역 : 사회/정서 | 준비물 : 음식 모형, 메뉴판, 계산기, 앞치마, 돈 모형

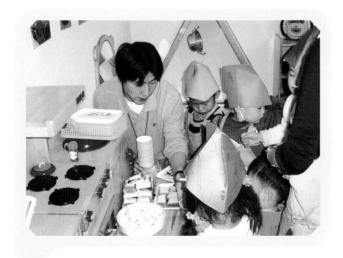

교사: 음식 주문 받으세요,

영아: 어떤 거 드릴까요?

교사: 비빔밥하고 달걀 주세요,

영아: 여기 있습니다,

음식의 여러 가지 색깔과 맛

영아와 함께 식사하면서 음식이 가지고 있는 여러 가지 색깔과 맛, 크기, 느낌을 이야기해 보고 비교해 보는 시간을 가져 본다. 또는 여러 가지 양념, 과일 등의 음식을 준비하여 영아가 맛을 느끼고 서로 다른 점을 비교해 볼 수 있게 도와준다.

월령 : 25~30개월 | 영역 : 인지 | 준비물 : 주방 도구, 요리 재료

💡 영아가 충분히 탐색할 수 있도록 시간적 여유를 가진다.

교사: 이건 된장이네. 무슨 색이야?

영아: 똥 같다.

교사: 너희들이 이야기한 것처럼 똥 같다. 맛은 어떨까?

영아: 맛있어요.

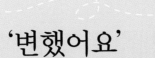

'변했어요'

팝콘 튀기기는 영아가 재료에 열을 가했을 때 변하는 과정을 가장 쉽게 관찰해 볼 수 있는 요리이다. 영아와 단단한 옥수수를 탐색한 후 뚜껑이 닫힌 프라이팬에 넣어 열을 가하고 톡톡 튀어 오르는 팝콘을 관찰해 본다. 영아는 팝콘의 크기와 색이 변하는 것을 경험하게 된다. 이외에 국수 삶기도 국수의 변화를 쉽게 관찰할 수 있는 활동이다.

월령 : 31~36개월 | 영역 : 인지 | 준비물 : 투명한 냄비, 요리 재료, 인덕션

💡 화상을 입지 않도록 유의한다.

교사: 지금 스파게티를 만져 보니 어때?

영아: 빼빼로 같아요.

교사: 그럼 이걸 뜨거운 물에 넣으면 어떻게 될까?

영아: 말랑말랑 해 져요.

채소로 도장 찍기

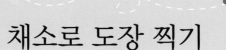

음식 재료로 자주 사용하는 여러 가지 야채와 과일을 이용한 흥미로운 미술 활동이다.
영아와 채소를 여러 가지 모양이 나올 수 있게 썰어 보고 그 단면에 물감을 묻혀서 도
화지에 찍어 볼 수 있게 도와 준다. 영아가 물감의 모양을 보고 어떤 채소(과일)인지 이
야기해 보고 또 어떤 모양이 떠오르는지 이야기해 볼 수 있게 도와준다.

월령 : 25~30개월 | 영역 : 표현 | 준비물 : 다양한 모양의 과일과 채소, 그림물감, 도화지

💡 물감이 묻어 있는 과일이나 채소를 입에 넣지 않도록 한다.

교사: 당근으로 찍어 볼까!

영아: 동그라미다,

교사: 양파는?

영아: (찍힌 것을 가리키며) 여기에 줄이 있어요,

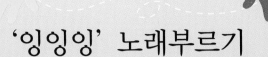

'잉잉잉' 노래부르기

'뾰족한 고추', '동그란 사과' 등의 음식의 형태가 나타나 있는 '잉잉잉' 노래를 불러
보며 영아가 그 음식이 되어서 음식의 형태를 흉내내 보고 놀이할 수 있게 도와준다.
사과가 뾰족한 고추에게 찔려서 아파하는 과정은 친구와의 놀이에서 속상했던 점을 즐
겁게 놀이로 표현해 볼 수 있는 기회가 될 수도 있다.

월령 : 31~36개월 | 영역 : 표현 | 준비물 : 고추, 사과 머리띠

교사: 너희들은 누구니?

영아: 사과예요, 고추예요,

교사: 사과와 고추가 되었네,

영아: 사과가 가야 해요, (노래에 맞추어)

음식 나르기 게임

커다란 상자 속에 음식 모형을 가득 담아 두고 영아가 바구니에 음식을 가득 담아서 친구에게 가져다 주는 게임 놀이를 해 본다. 역할 놀이에서 해 보았던 음식을 차려 주는 과정을 신체 게임을 통해 다시 해 보면서 영아는 게임을 더 흥미롭게 하게 되고, 바구니 가득 음식을 담아 쏟지 않고 친구에게 가져다 주면서 자신의 신체를 조절할 수 있게 된다.

월령 : 25~30개월 | 영역 : 신체 | 준비물 : 음식모형, 바구니, 상자

교사: 지금 음식을 주문하는 전화가 왔어요, 음식 좀 배달해 주세요,

영아: 어디요?

교사: 중앙청사 어린이집이야, 음식을 담고 배달해 주세요,

영아: 네!

'프라이팬 속에 들어갔어요'

음식 놀이를 하며 경험한 몇 가지 요리(팝콘, 국수 삶기 등)과정을 몸으로 표현해 볼 수 있게 도와 준다. 커다란 천이나 카펫을 프라이팬으로 상상하고 그 속에 영아가 들어가서 통통 뛰어 보기, 빳빳하게 몸 세워 보기, 흐느적 움직여 보기 등의 움직임을 표현해 볼 수 있게 돕는다.

월령 : 31~36개월 | 영역 : 신체 | 준비물 : 영아들이 들어갈 수 있는 커다란 천, 카세트, 녹음테이프

교사: 우리가 팝콘이 되었어, 어디로 갈까?

영아: 여기로~

교사: 프라이팬이구나, 들어가면 어떻게 될까? 함께 들어가 보자.

영아: 앗, 뜨거워!

2세 영아를 위한
자동차 놀이 활동

좋아하는 자동차 이야기하기 ❊ 책 속의 자동차 찾기 ❊ 주유소, 세차장 놀이 ❊ 운전사되어 보기 ❊ 경사면 위에 자동차 굴리기 ❊ 여러 가지 자동차 바퀴 수 세기 ❊ 자동차 바퀴 그림, 구슬 그림 ❊ 내가 만든 자동차 ❊ 옆 구르기, 앞 구르기 ❊ 바퀴 굴리기

234

239

240

좋아하는 자동차 이야기하기

2세 남아들은 유달리 자동차에 관심이 많은 편이다. 여러 가지 자동차 활동을 하면서 영아가 좋아하는 자동차를 친구들 앞에서 소개하는 시간을 가져 본다. 내가 좋아하는 자동차를 친구들 앞에서 소개하면서 영아는 자신의 이야기를 친구에게 자신 있게 전하고 또 친구의 이야기를 귀담아 듣는 기회를 가지게 된다.

월령 : 25~30개월 | 영역 : 언어 | 준비물 : 다양한 모형 자동차

교사 : ○○는 어떠한 자동차를 좋아해?

영아 : 청소차요.

교사 : 그래? 청소차를 좋아하는구나, 왜?

영아 : 청소~청소~ 해요.

책 속의 자동차 찾기

주제와 연관된 동화책을 소개해 주고 함께 읽어 보는 활동은 영아가 놀이 주제를 더 흥미롭게 느껴 볼 수 있게 도와 준다. 자동차를 타고 야외로 놀러 가고, 자동차를 타다가 비가 오는 등의 상황은 영아들이 자동차를 타고 가면서 쉽게 접하는 경험 중 하나이다. 동화책을 읽어 보며 영아들이 자신의 경험을 이야기해 볼 수 있게 도와준다.

월령 : 31~36개월 | 영역 : 언어 | 준비물 : 자동차와 관련된 동화책

교사: 검피 아저씨와 친구들이 어딘가로 가고 있는 것 같다.

영아: 자동차 타고 있어요.

교사: 자동차를 타고 가고 있는 것 같네. 어디에 가고 있을까?

영아: 시장에 가요.

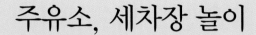

주유소, 세차장 놀이

주유소, 세차장은 자동차와 관련된 장소 중 영아가 가장 쉽게 접하는 곳이다. 영아가 자동차 운전 놀이를 할 때 놀이를 더 확장해 볼 수 있게 주유소와 세차장의 환경을 준비해 준다. 영아는 주유소 주인이 되어서 기름을 넣어 주고 세차를 하며 차를 닦아 주는 역할을 할 수 있고, 자동차 주인이 되어서 계산을 하고 주유 뚜껑을 여는 등의 과정을 표현할 수 있다.

월령 : 25~30개월 | 영역 : 사회/정서 | 준비물 : 자동차, 주유소와 세차장 놀이 환경

교사: 자동차 기름이 떨어졌어요. 기름
　　　좀 넣어 주세요.

영아: 여기 기름 있어요.

교사: 5천 원어치 넣어 주세요.

영아: 다 됐습니다.

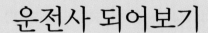

운전사 되어보기

블록 등으로 자동차를 만들어서 운전자가 되어 보는 놀이는 자동차 놀이 중 가장 흔히 나타나는 놀이이다. 영아가 운전사 역할을 잘 표현해 볼 수 있게, 자동차를 구성할 수 있는 큰 블록이나 상자, 운전대 등의 소품을 마련해 주고, 영아가 운전하는 차에 손님이 되어서 놀이가 확장될 수 있게 돕는다.

월령 : 31~36개월 | 영역 : 사회/정서 | 준비물 : 자동차와 자동차 길을 만들 수 있는 블록, 소품

교사: 안녕하세요.

영아: 빵빵! 길 좀 비켜 주세요.

교사: 네, 옆으로 비켜 드릴게요.

영아: 감사합니다, 부웅!

경사면 위에 자동차 굴리기

경사면은 자동차를 힘 있게 굴리지 않아도 저절로 굴러갈 수 있게 도와준다. 영아와 여러 가지 자동차를 경사면에 굴려 보면서 어떤 자동차가 멀리 굴러가는지 비교해 볼 수 있다. 또, 다른 장난감도 경사면에 올려서 굴려 보며 굴러가는 장난감과 굴러가지 않는 장난감도 비교해 볼 수 있다.

월령 : 25~30개월 | 영역 : 인지 | 준비물 : 경사면, 장난감 자동차, 굴러가는 장난감, 굴러가지 않는 장난감

교사: ○○는 어떠한 자동차를 굴려 볼까?

영아: 경찰차요.

교사: 경찰차를 굴리면 어떻게 될까?

영아: 잘 굴러가요.

여러 가지 자동차 바퀴 수 세기

오토바이, 자전거, 자동차 등 각각 다른 바퀴 수를 세어 보면서 여러 가지 자동차의 바퀴를 비교해 보고, 또 수를 세어서 1:1 대응 해 볼 수 있게 도와줄 수 있다.

월령 : 31~36개월 | 영역 : 인지 | 준비물 : 수 세기 활동지, 펜

교사: 파란색 자동차다.

영아: 경찰차예요.

교사: 경찰차구나.

　　　경찰차에는 바퀴가 몇 개

　　　있을까?

영아: 하나, 둘, 셋, 넷… 네 개!

자동차 바퀴 그림, 구슬 그림

자동차 바퀴 또는 구슬에 물감을 묻혀서 종이 위에 굴려 볼 수 있게 도와준다. 자동차와 구슬을 여러 가지 방향으로 굴려 보면서 여러 가지 선으로 그림을 표현해 볼 수 있게 돕는다.

월령 : 25~30개월 | 영역 : 표현 | 준비물 : 물감, 구슬, 자동차 바퀴, 도화지, 바구니

💡 물감의 색이 섞이지 않도록 도와준다.

교사: 구슬과 물감이 있다. 무슨 색이지?

영아: 초록색, 빨간색, 노란색, 파란색!

교사: 구슬이 들어갔네. 함께 굴려 볼까? 어떻게 될까?

영아: 데굴데굴 굴러가요.

내가 만든 자동차

지점토를 두드려서 자동차 몸통을 만들고, 동그랗게 빚어서 바퀴를 만든 후 이쑤시개로 꽂아서 바퀴가 있는 자동차를 구성해 볼 수 있게 도와준다. 영아는 바퀴를 만들면서 바퀴의 형태와 개수에 대해서 생각해 볼 수 있다.

월령 : 31~36개월 | 영역 : 표현 | 준비물 : 지점토, 이쑤시개

교사: ○○가 만들고 있는 것은 모양이 네모네.

영아: 자동차, 선생님 이게 안돼요!

교사: 자동차 바퀴가 잘 안 붙는구나, 어떻게 해야 할까?

영아: 길쭉한 것으로 하면 될 것 같아요.

옆 구르기, 앞 구르기

데굴데굴 영아의 몸으로 굴러가는 자동차의 바퀴를 표현해 보며 옆으로 또 앞으로 굴러 보는 시간을 가져 본다. 영아는 바닥에 까는 매트를 자동차 길이라고 상상하고 그 위를 지나가는 바퀴가 되어 본다. 흥미로운 놀이를 하면서 영아는 자신의 몸을 굴려 보고 또 자동차 길에서 구르기 위해 방향 조절을 해 볼 수도 있다.

월령 : 25~30개월 | 영역 : 신체 | 준비물 : 편평한 매트, 경사면 매트

영아들이 서로 부딪히지 않도록 넓은 공간을 제공한다.

교사: 친구들과 함께 굴러 보려고 해.

영아: 어떻게요?

교사: 친구와 김밥이 되어서 해 보자.

영아: 김밥! 김밥!

바퀴 굴리기

커다란 바퀴 모양의 원통을 준비하여 굴려 보는 시간을 갖는다. 영아는 큰 바퀴를 굴리면서 힘과 방향을 조절해 볼 수 있다. 혼자서 굴려 본 후에는 친구와 함께 힘을 합쳐서 굴려 보는 시간도 갖는다. 한 방향으로 굴려 보기 위해 친구와 속도와 힘을 맞추어 굴려가야 하는 것을 경험하게 된다.

월령 : 31~36개월 | 영역 : 신체 | 준비물 : 커다란 바퀴

교사 : 이건 어떻게 굴려 볼까?

영아 : 이렇게 해서,

교사 : 그래? 세워서 굴리면 잘 될 것 같아? 그럼 해 볼까?

영아 : 네!

2세 영아를 위한
나뭇잎 놀이 활동

'낙엽 소리를 들어봐요' ✻ 나뭇잎 책 만들기 ✻ '나무야, 사랑해!' ✻ '내 나무' 놀이 ✻ '나뭇잎 색깔이 변했네' ✻ 여러 가지 나뭇잎 모양 ✻ 나뭇잎에 물감 칠하기 ✻ 나뭇잎 가면 만들기 ✻ 나뭇잎 이불, 나뭇잎 뿌리기 ✻ 떨어지는 나뭇잎 되기

243

250

251

'낙엽 소리를 들어봐요'

영아와 함께 나뭇잎이 많이 떨어져 있는 산책길을 걸어 본다. 나뭇잎을 밟으며 나는 소리를 들어 보고 그 느낌과 소리를 말로 표현해 볼 수 있게 도와준다. 나뭇잎을 밟으며 나는 자연의 소리를 말로 다시 표현해 보면서 영아는 여러 가지 의성어를 느껴 보게 되고 창의적인 표현력을 가지게 된다.

월령 : 25~30개월 | 영역 : 언어

교사: 여기 낙엽이 많이 있다.

영아: (낙엽을 밟는다.)

교사: 녀희들이 낙엽을 밟을 때 이상한 소리가 난다. 들어 볼까?

영아: 바스락 바스락 소리가 나요.

나뭇잎 책 만들기

산책을 하는 길에 영아가 주어온 여러 가지 나뭇잎을 모아서 나뭇잎 책을 만들어 볼 수 있게 유도한다. 나뭇잎을 종이에 붙여서 표본하고 나뭇잎의 이름을 적어 주고 영아와 함께 이야기 나눈 나뭇잎의 생김새와 느낌, 나뭇잎을 보고 떠오른 것에 대한 내용을 적어 준다. 여러 영아들이 모은 나뭇잎 표본 종이를 엮어서 나뭇잎 책으로 만들 수 있다.

월령 : 31~36개월 | 영역 : 언어 | 준비물 : 나뭇잎, 도화지, 펜

영아: 선생님 이건 무슨 나뭇잎이예요?

교사: 이건 플라타너스라는 나뭇잎이야, 모양이 어때?

영아: 너무 커요.

'나무야, 사랑해!'

영아에게 나무 기둥을 꼭 안아 주며 "사랑해"라고 이야기할 수 있는 기회를 갖는다. 영아는 나무를 안아 보며 나무 줄기의 느낌을 탐색하게 되고, 생명을 가진 나무를 사랑하는 마음을 가질 수도 있을 것이다.

월령 : 25~30개월 | 영역 : 사회/정서

교사: 선생님은 나무를 안아 줘야지,
　　　너희들도 해 보지 않을래?

영아: 이렇게?

교사: 함께 안아 보도록 하자, 다같이
　　　손을 잡고 '나무야, 사랑해!'

영아: 사랑해!

'내 나무' 놀이

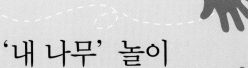

어린이집 주변의 나무 중 영아가 좋아하는 나무를 '내 나무'로 정하도록 도와준다. 영아는 나무에게 새로운 이름도 지어 주고 산책을 다녀올 때마다 인사를 나누고 물을 주며 사랑하게 된다. 나무는 영아에게 나뭇잎과 열매 등을 선물해 주며 영아는 자연물과 더 친숙한 관계를 맺을 수 있다.

월령 : 31~36개월 | 영역 : 사회/정서 | 준비물 : 나무 이름표

교사: ○○이 나무는 무엇으로 할까?

영아: 이거요.

교사: 나무 이름을 무엇으로 해 주고 싶어?

영아: ○○나무

'나뭇잎 색깔이 변했네'

길을 산책하면서 나뭇잎의 색을 관찰해 보고 아이들이 느껴볼 수 있게 도와준다. 나뭇잎과 낙엽의 색을 비교해 보는 활동이다.

월령 : 25~30개월 | 영역 : 인지 | 준비물 : 나뭇잎

교사: 이건 초록색이고 이건 무슨 색 일까?

영아: 갈색이요.

교사: 그렇구나, 그런데 왜 이것하고는 왜 색이 다르지?

영아: 나무에서 떨어졌어요.

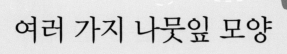

여러 가지 나뭇잎 모양

동그란 모양, 길쭉한 모양, 손가락 모양 등의 여러 가지 나뭇잎을 모아서 보며 그것을 보고 떠오르는 사물을 이야기해 보고 비교해 볼 수 있게 도와준다. 영아는 은행잎을 보고 '부채', '새' 등을 떠올리며 여러 가지 사물을 관계 지을 수 있고 창의적 사고력을 가지게 된다.

월령 : 31~36개월 | 영역 : 인지 | 준비물 : 나뭇잎

교사: 선생님은 이 나뭇잎을 보니까 자동차가 생각난다.

영아: 아니, 풍선!

교사: ○○는 풍선이 생각나니? △△는?

영아: 도깨비 뿔이요.

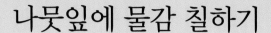

나뭇잎에 물감 칠하기

나뭇잎에 여러 가지 색 물감을 발라서 종이에 찍어 보는 활동으로 나뭇잎 판화를 만들어 볼 수 있다. 영아는 나뭇잎에 여러 가지 색을 입혀서 색깔 나뭇잎을 표현해 볼 수 있고, 종이에 찍어 볼 수도 있다.

월령 : 25~30개월 | 영역 : 표현 | 준비물 : 나뭇잎, 물감, 붓

영아: 여기 거미줄이 있어요.

교사: 거미줄? 정말 거미줄처럼 생겼다.
　　　○○가 물감을 묻혀서 찍어 보니 거미줄 같은 것이
　　　보이네.

영아: 파란색도 할래요.

나뭇잎 가면 만들기

큰 플라타너스 나뭇잎에 구멍을 뚫어서 준비해 주고 여러 가지 모양과 크기의 나뭇잎을 이용하여 가면을 꾸며 볼 수 있게 도와준다. 영아는 다양한 나뭇잎을 이용하여 동물이나 사물을 상징한 가면을 만들어 볼 수 있고, 가면을 이용한 흉내내기 놀이를 할 수 있다.

월령 : 31~36개월 | 영역 : 표현 | 준비물 : 코팅된 나뭇잎, 가위, 가면을 꾸밀 재료

💡 끝이 날카롭지 않게 코팅지 모서리를 둥글려 준비한다.

영아: 선생님 가면이에요,

교사: 나뭇잎에 구멍이 있으니까 정말 가면 같다, 함께 가면을 만들어 볼까?

영아: 여기 색칠하고 싶어요,

교사: 어떤 색의 가면을 만들어 볼 거야?

나뭇잎 이불, 나뭇잎 뿌리기

가을이 깊어지는 고궁을 산책하며 나뭇잎이 가득 쌓여 있는 곳에서 아이들과 마음껏 나뭇잎을 뿌리고 던지며 나뭇잎을 탐색해 보는 시간을 갖는다. 나뭇잎 위에서 굴러 보고, 나뭇잎을 이불처럼 덮고 몸 위로 뿌려 보는 놀이는 영아의 신체 발달뿐 아니라 긍정적인 정서 발달에도 도움을 줄 수 있다.

월령 : 25~30개월 | 영역 : 신체 | 준비물 : 나뭇잎

교사: 나무에서 나뭇잎이 떨어지고 있어.

영아: 와, 많다.

교사: 나뭇잎이 떨어지니까 어때?

영아: 재미있어요.

떨어지는 나뭇잎 되기

영아와 나뭇잎을 뿌려 보는 놀이를 해 본 후 떨어지는 나뭇잎이 되어 보는 신체표현 놀이이다. 영아는 떨어지는 나뭇잎을 흉내내며 몸을 구부려 보고 몸을 던지듯이 떨어뜨려 보면서 자신의 몸을 조절하는 신체운동뿐 아니라 창의적인 표현 능력도 가지게 된다.

월령 : 31~36개월 | 영역 : 신체

교사: 나뭇잎이 떨어지고 있어요.

영아: 어디요?

교사: 여기, ○○나뭇잎이 떨어지고 있네.

영아: (콩콩 제자리 뛰기를 한다.)

참고문헌

강문희, 신현옥, 정옥환, 정정옥(2004). **아동발달**. 서울: 교문사.

김보현(1992). 2세 유아의 상상놀이에 관한 일 연구. 성신여자대학교 대학원 석사학
  위논문.

유애열(1994). 유아의 상상놀이와 교사개입에 관한 관찰연구. 연세대학교 대학원 박
  사학위논문.

정옥분(2002). **아동발달의 이해**. 서울: 학지사.

최석란(1999). **놀면서 자라는 어린이**. 서울 : 다음세대.

_____(2005). **놀이와 유아발달**. 파주: 양서원.

홍순정, 최석란, 신은수(1999). **평화를 사랑하는 어린이**. 서울: 학지사.

Baylor, B. (1987). *When clay sings*. New York: Atheneum/Simon & Schuster.

Berk, L. E. (2003). *Child Development*. Boston: Allyn & Sons.

Fein, G. (1997). Play and Early Childhood Teacher Education: Discussant
  Remarks. Symposium presented at the annual meeting of the Association for the
  Study of Play meetings, Washington, D.C.

Fergus P. H. (1999). *Children, play, and development*. Boston: Allyn & Bacon.

Johnson, J. E., Christie, J,. F. & Yawkey, T. D. (1999). Play and early childhood
  development. New York: Longman

Kagan, J. (1998). Biology and the child. In W. Damon & N. Eisenberg(Eds.),
  Handbook of child psychology(5th ed.), Vol. 3 (pp.177-236). NY: John Wiley &
  Sons, Inc.

Lillard, A. (1998). Playing with a theory of mind. In O. Saracho & B. Spodek(Eds.), *Multiple perspectives on play in early childhood education*(pp, 11-33). Albany, NY: SUNY Press.

Sawyer, R. (1997). Pretend play as improvisation: Conversation in the preschool classroom, NJ: Earlbaum.

Shaffer, D. (1999). *Developmental Psychology*. NY: Brooks/Cole Publishing Co.

Pellegrini. A. D., & Boyd, B. (1993). The role of play in early children development and education: Issues in definition and function. In B. Spodek(Eds.), *Handbook of research on the education of young children*. New York: Mcmillan.

Piaget, J. (1962). *Play, dreams, and imitation in childhood*. New York: Norton.

Vygotsky, L. (1978). *Mind in society; The development of higher mental processes*. Cambridge, MA: Harvard University Press.

저자소개

최석란
University of Illinois at Urbana-Champaign, 유아
　　교육전공(철학박사)
서울여자대학교 인간개발학부 아동학 전공 교수
서울여자대학교 아동연구원장

서원경
서울여자대학교 대학원 유아교육전공(문학박사)
중앙청사 어린이집 원장
명지대학교 아동학과 겸임교수

이현옥
서울여자대학교 대학원 유아교육전공(박사수료)
서울여자대학교 부속 유치원 원감
서울여자대학교 아동학과 강사

박선화
서울여자대학교 대학원 유아교육전공(박사수료)

신지연
서울여자대학교 대학원 유아교육전공(문학박사)
(전)삼육의명대학 아동복지과 교수

영아와 함께 하는 놀이

2008년 9월 17일　초판 발행
2012년 2월 21일　2쇄 발행

지은이　최석란 외
펴낸이　류 제 동
펴낸곳　(주)교 문 사

책임편집 이경인
본문디자인 우은영
표지디자인 반미현
제작 김선형
마케팅 정용섭·이진석·송기윤

출력 교보 피엔비
인쇄 동화인쇄
제본 대영제책

우편번호　413-756
주소　경기도 파주시 교하읍 문발리
출판문화정보산업단지 536-2
전화　031) 955-6111(代)
팩스　031) 955-0955
등록　1960. 10. 28. 제 406-2006-000035호

홈페이지　www.kyomunsa.co.kr
이메일　webmaster@kyomunsa.co.kr

ISBN 978-89-363-0954-1(93370)

*잘못된 책은 바꿔 드립니다.
값 19,000원